Sibylle Sterzik
Familienstand Single

Familienstand Single

Herausgegeben von Sibylle Sterzik

Carsten A. Freitag, Monika Herrmann,
Sabine Hoffmann, Margarete Jooß, Gerrit Joswig,
Benjamin Lassiwe, Konrad Lauenfeld, Hanna-Renate
Laurien, Angelika Obert, Uli Prahlke, Uwe von Seltmann,
Katharina Sommer, Bernhard Vogel, Franziska Weber,
Rudolf Weckerling, Christiane Zießler

Wichern-Verlag

© Wichern-Verlag GmbH, Berlin 2006
Umschlag: wichern-design, Dietmar Silber
Titelfoto: Beautyshots Berlin
Satz: NagelSatz, Reutlingen
Druck und Verarbeitung: TZ-Verlag & Print GmbH,
Rossdorf
ISBN 3-88981-194-9

Das Leben ist die Frage
und du selbst bist die Antwort.

Ursula K. LeGuin

Inhalt

Vorwort

„Wer liest denn solche Geschichten überhaupt", fragt der Sohn einer Autorin, als sie ihm von dem Projekt erzählt. „Heute gibt es doch fast nur noch Singles", sagt er. „Das Thema ist durch."

Tatsächlich wurde alles Mögliche in den letzten Jahren untersucht, ob Singles (von englisch single, einzeln, Menschen, die ohne feste Bindung an einen Partner oder eine Partnerin leben) dauerhaft oder nur vorübergehend solo leben (meist letzteres), ob sie nie oder schnell wieder mit jemandem das Frühstück teilen wollen (46 Prozent hätten lieber eine feste Partnerin), ob und mit wem sie Sex mögen (wird hier nicht verraten), ob sie die karrierehungrigen Egomanen sind, die auf dem Weg nach oben den Typ an ihrer Seite als Ballast empfinden (vergessen Sie's!). Die Hautevolee der deutschen Magazine nimmt sich der „einsamen Herzen" an – der „Spiegel" erhellte kürzlich, wie sehr das Geschäft der Online-Kuppler im Internet boomt. 2005 stieg der Umsatz der Branche auf 76 Millionen Euro, 2004 waren es noch 45 Millionen. Und sie ist krisensicher, Singles wird es immer geben. Single-Romane wie „Alles über Laura" von der Britin Susannah Bates haben Hochkonjunktur, das Kino setzt mit Filmen wie „E-Mail für dich", „Hitch, der Date Doktor" und „Sommer vorm Balkon" (ein Muss!) eins drauf.

Alles scheint gesagt. Aber gerade weil es „durch ist", reizt es mich auch, das Single-Thema neu zu überdenken. Für mich und vielleicht auch für die, denen Singles immer noch ein bisschen suspekt sind. Für solche, „die uns bedauern", antwortet die eingangs erwähnte Autorin dem skeptischen Sohn. Und für jene, die uns beneiden, füge ich hinzu. Denn Klischees wie diese: „Singles haben doch Zeit, Langeweile und sie sind gern unter Menschen" oder „Nur weil du allein lebst, musst du nicht traurig sein, du hast es doch gut, du brauchst auf niemanden Rücksicht zu nehmen", höre ich nicht selten. Knapp daneben ist auch vorbei. Wie es sich wirklich anfühlt, jenseits von Klischees, Kameras und Statistiken, wenn ich Weihnachten nur mit mir verbringe, abends in die leeren vier Wände komme, auf Reisen mitleidige Blicke ernte, die mir sagen: selbst schuld, wenn du „keinen abbekommst", für das ganze Hochhaus den Seelentröster gebe, andere Männer immer besser drauf sind oder ich mich als Politiker ohne eigene Familie den Landeskindern widme, das erzählt dieses Buch.

Seit den 1970er Jahren haben sich die Scheidungen in Deutschland verdoppelt, gut ein Drittel der Ehen werden geschieden. Parallel dazu steigen die Einpersonenhaushalte – im Durchschnitt liegen sie bei 37 Prozent, in Großstädten wie Hamburg und Frankfurt/Main bei fast 50 Prozent. Knapp ein Fünftel der Bundesdeutschen wohnt allein, was nicht heißt, dass alle Singles sind. Wie hoch deren Zahl ist, erfasst keine Statistik, Schätzungen reichen, je nach Definition (die verläuft übrigens in diesem Buch weiträumig, von der alleinerziehenden Mutter über den getrennt lebenden Ehemann und die lebenslange Junggesellin bis zum Witwer), von vier bis zwölf Millionen – in Berlin sind es etwa 860 000.

Wie gesagt, kaum ein größerer Verlag, in dessen Programm sich nicht mindestens ein Roman über Freud und Leid des Single-Daseins findet. Natürlich gehen die Geschichten gut aus, die Heldin findet ihren Traummann, und der Leser oder die Leserin kann das Buch zufrieden zur Seite legen und zum nächsten greifen. Möchten Sie so etwas lesen, liebe Leserinnen und Leser, dann verabschieden Sie sich jetzt und legen das Buch beiseite. Im Internet oder im Buchladen um die Ecke finden Sie genug dieser Am-Ende-glücklich-Geschichten. Hier nicht. Denn da liegt der kleine Unterschied. In diesem Buch finden Sie keine „Alles-wird-gut"-Storys, sondern das Leben. Anrührend, aber nicht rührselig erzählt. Was Sie hier lesen, hat die Frau oder der Mann erlebt, die vielleicht bei Ihnen nebenan wohnen oder die Ihnen morgens in der U-Bahn gegenüber sitzen. Vielleicht wollten Sie sie schon immer fragen, wie das ist, allein zu leben, haben es aber nicht gewagt. Möglicherweise sind Sie selbst Single und möchten wissen, wie das andere anstellen. Oder sie sind verheiratet und träumen heimlich davon, für sich zu sein. Wie ist das? In diesem Buch werden Sie Antworten finden, einige geradewegs, andere zwischen den Zeilen. Keine erfundenen Drehbücher, keine Tränen für die Kamera. Nichts dramatisiert, nichts geschönt. Verblüffend offen lassen die Autorinnen und Autoren einen Blick hinter die Kulissen zu, der sonst nur wenigen vorbehalten bleibt.

Ich danke allen, die uns mit auf den Balkon, an den Küchentisch oder ins Kaffeehaus nehmen, wenn sie von ihrem Leben als Single erzählen. Und ich danke meiner Verlegerin Elke Rutzenhöfer, meiner Freundin Constanze Grimm und dem Schriftsteller Jürgen Rennert. Ohne ihr Vertrauen in das Projekt wäre dieses Buch nicht entstanden.

Berlin, im Frühjahr 2006   Sibylle Sterzik

Es gibt mehr Arten von Einsamkeit,
als wir so zu benennen pflegen ...

Arthur Schnitzler

Harmlos beschaulicher Zustand

Angelika Obert

Es war schon ein komisches Gefühl, am Weihnachtsabend nach dem Kirchgang die Wohnungstür aufzuschließen und zu wissen: Jetzt passiert gar nichts mehr. Du bist einfach allein zu Haus. Aber hatte ich mich in den letzten Jahren nicht danach gesehnt, einmal zu Weihnachten nichts als Ruhe zu haben?

Die Macht der Gewohnheit war stark genug, auch für mich allein den Tisch festlich zu decken. Zum Essen machte ich den Fernseher an und guckte zum ersten Mal in meinem Leben „Sissy". Fernsehen am Heiligen Abend! War das nun bedauerns- oder beneidenswert? Jedenfalls muss es zu Weihnachten doch mehr als Fernsehen geben!

Bei Kerzenschein legte ich mich lang und dachte an alle meine Lieben, den Sohn zuerst, natürlich. Die Müdigkeit oder die Heiligkeit der Nacht bewirkten, dass meine Gedanken nicht ordentlich wandern wollten. Sie sprangen vielmehr hin und her von den wesentlichen zu den mehr zufälligen Beziehungen, von der Familie zu den Kolleginnen, von deren Kindern zu alten Schulfreundinnen, von früheren Lehrern zu gewesenen Liebhabern, von den

13

Gestorbenen zu den Lebenden: Ein Netz umspannte mich, so wirr und dicht wie der Sternenhimmel. Neben den vertrauten Konstellationen glitzerte die Vielzahl der kleinen, weniger scharfen Lichtpunkte, die irgendwie auch dazu gehörten. Alle hatten ihren Platz – so, wie sie waren. Alle zusammen bildeten sie mein Dasein ab, meine Geschichte. Schließlich war es genug. Ich machte die Augen auf. Der Kater lag auf meinem Bauch, zärtlicher Geselle. Er gönnte meinen Fingern sein seidig weiches Fell. Jetzt waren wir mal ganz füreinander da. Zugleich fühlte ich, wie erfüllt der Raum war von all den Menschen, die in meinem Leben eine Rolle spielen. Endlich!, dachte ich. Endlich mal ein richtiges Weihnachtserlebnis. Endlich mal Zeit, die Verbundenheit wirklich zu spüren. So intensiv wie dieser Abend gerieten die nachfolgenden Tage mit den Besuchen nicht.

Genüssliches Für-sich-Sein! Sind das die besten Momente? Als ich mich am Silvesternachmittag langsam auf das abendliche Fest vorbereitete, versuchte ich mich zu erinnern: Was waren die Höhepunkte des vergangenen Jahres? Die wichtigen Erfahrungen? Dabei kamen mir die stillen Stunden nicht in den Sinn. Was Spuren hinterlassen hatte, sich mir eingeprägt hatte als besonderes Erlebnis, war mit seelischen Strapazen verbunden: mit Ärger, Sorge, Aufregung, Auseinandersetzung – mit Störungen meines inneren Gleichgewichts. Das gab mir zu denken: „Leben ist Begegnung." Ohne Reibung, ohne Gegeneinander bleibt offenbar nicht viel hängen. Sieh zu, dass du kein Einsiedlerkrebs wirst.

Auch in diesem Jahr habe ich, wie in den vergangenen, zwischen Weihnachten und Neujahr einen Tag mit der Freundin verbracht, die mir seit Studienzeiten nahe ist. Unsere Wege haben sich im Lauf der Jahrzehnte auseinandergegabelt, unsere Gangart ist ähnlich geblieben. Unweigerlich kommt unser Gespräch jedes Jahr auf die

Beziehungsfrage. „Warum?", fragt meine Freundin, die eine engagierte Anthroposophin ist und schon lange allein lebt, „warum ist es heute so schwierig? Warum verbinden sich die Seelen nicht mehr?" Ich wage auf die so grundsätzlich gestellte Frage keine Antwort. Ich lausche lieber. „Weil die Ich-Kräfte heute so stark sind", sagt meine Freundin, „weil jeder seinen Ich-Punkt verteidigen muss. Du kannst dich ja nicht mehr in etwas Anderem bergen. Und weil das Ich so wichtig ist, können wir die andern einfach nicht mehr so gut aushalten. Aus der Ferne liebt es sich doch viel leichter als wenn man aufeinander hockt."

„Das hat Rilke auch schon festgestellt", sage ich. Lachend erzählen wir uns, dass auch wir aus der Ferne besser lieben. Dass uns im Lauf der Jahre die Kräfte abhanden gekommen sind, die Irritationen beständiger Nähe gut auszuhalten.

Es war ja nicht immer so. Ich habe mich in jungen Jahren für die Liebe sehr verausgabt – ohne Rücksicht auf mein Ergehen. Ich war nicht gut darin, auf „meine Bedürfnisse" aufzupassen – wie das heute heißt. Jetzt weiß ich, dass ich da einen blinden Fleck habe. Ich kann es mir nicht richtig vorstellen, bei einem Partner so etwas wie Geborgenheit zu finden. Aber ich gräme mich deswegen nicht. Ich bin alt genug, um zu wissen, dass fast alle Menschen mit blinden Flecken und ungelebten Möglichkeiten leben müssen, auch die verheirateten. Ich bin auch fromm genug, um das nicht schlimm zu finden.

Im Gedächtnis geblieben ist mir die Minutennovelle von der „unglücklichen Tulpe", die sich der Ungar István Örkény ausgedacht hat: Eines schönen Frühlingstages stürzt sich eine liebevoll gehegte Tulpe vom Fensterbrett eines pensionierten Lehrerehepaares. Niemand kann sich erklären, was da vorgefallen ist, bis die Nachbarin auf ihrem Balkon einen Abschiedsbrief findet: „Verzeiht mir. Ich habe keine andere Wahl. Ich will keine Tulpe mehr sein."

Es ist absurd, mit dem eigenen So-Sein zu hadern! Das hat mich die Tulpe gelehrt. Darum macht es mich ratlos, wenn allein stehende Frauen immerzu das Fehlen des Partners in ihrem Leben beklagen, sich andauernd von der Leerstelle her definieren. Es macht mich aber auch nervös, wenn Ehepaare den Wert der Ehe mit klirrendem Unterton verteidigen, als trügen sie da eine schwere Last, der ich mich aus purer Bequemlichkeit verweigert hätte. Warum können sie nicht fröhlich Rosen sein, ohne sich an mir, der Tulpe, zu stören?

Wirklich allein wäre ich ja erst, wenn im Herzen alle Beziehungen, die gewesenen und die gegenwärtigen, die großen und die kleinen, gelöscht wären. Aber gelöscht ist ja nun überhaupt nichts. Im Gegenteil. An der großen Liebe meines Lebens rätsele ich immer noch herum.

Vor einem Jahr, als mein Sohn wegzog und ich mir eine eigene kleine Wohnung eingerichtet habe, stellte sich die Frage schon: in welche Richtung ich mein freier gewordenes Leben denn nun öffnen möchte. Damals habe ich vier Zettel nebeneinander gelegt, auf denen stand: Mann. Buch. Politisches Engagement. Spiritualität. Die vier Zettel waren bald unter anderem Papier vergraben. Jetzt habe ich sie weggeworfen. Ist alles nix geworden. Im Nu hat sich die Zeit auch so gefüllt.

Immer noch freue ich mich, nach einem wirbligen Arbeitstag in eine warme, aufgeräumte Wohnung zu kommen, wo keine Herausforderungen mehr zu befürchten sind. Kein Joghurtbecher auf dem Teppich wird mein Auge beleidigen, keine plötzlich drohende Klassenarbeit mich beunruhigen, kein Ballern aus der Computer-Ecke mich an mein erzieherisches Versagen gemahnen.

Es ist allerdings wahr, dass ich jetzt immer gleich das Radio anmache. Mit der Stille habe ich es nicht so. Auch wahr, dass mir das Alleine-Essen nicht sehr behagt. Küchen-

Disziplin muss ich mir auferlegen. Auch wahr, dass ich an den Tagen, an denen ich Nachricht von meinem Sohn bekomme, wie verwandelt bin. Eine E-Mail oder ein Anruf von ihm wirkt wie ein Stromstoß, der mich auf ein anderes Lebens-Level hebt. Wenn er etwas brauchen sollte – sofort mache ich mich ans Werk. Bin wieder in meinem Element. Der Abschied vom Kind – das ist eine Geschichte mit vielen Kapiteln! Da bin ich noch nicht durch.

Aber das ist ein anderes Thema. Was nun fehlt, wenn ich in meine Wohnung komme, ist ja nicht nur der Joghurt-Becher auf dem Teppich. Abwesend ist nicht nur mein Sohn. Abwesend ist auch die ausgesprochene oder unausgesprochene Erwartung eines Partners, an seinem Lebensgefühl Anteil zu nehmen. Es ist keiner da, der die Welt im Allgemeinen und die Kirche im Besonderen missbilligt. Der meinem Kulturhunger mit seinen Vorlieben und Abneigungen Grenzen setzt. Der die Fernbedienung in der Hand hält und herumzappt, was ich als Medienschaffende ja nun gar nicht leiden kann.

Ich genieße es, dass ich mich ausbreiten kann. Manchmal denke ich an die wunderbare alte Dame, die mir mit strahlendem Lächeln erzählte: „Seit ich Witwe bin, geht es mir so gut wie nie zuvor im Leben." Sie hatte eine glückliche Ehe geführt – mit einem Mann, der an einem schweren Schicksal und einer schweren Seele litt.

Alles hat seine Zeit, sagt der Prediger Salomo. Das Lasten-Tragen hat seine Zeit und das Entlastung-Genießen hat seine Zeit. Nein, beim Prediger heißt es: Herzen hat seine Zeit, aufhören zu herzen hat seine Zeit.

Vor vielen Jahren, ich war noch sehr jung, habe ich mit meinem Liebsten „Peer Gynt" in der Berliner Schaubühne gesehen. Ich war hingerissen von Bruno Ganz, was ich für mich behielt. Er hatte nur Augen und Ohren für Angela Winkler, was ihn zu grundsätzlichen Überlegungen über die

Jung'sche „anima" anregte, die sich dort auf der Bühne so rein tummelte. Mein Vergnügen war beeinträchtigt. Später habe ich eine andere große Inszenierung, „Rosmersholm", vorsichtshalber allein gesehen. Ungestört war ich tief berührt von Angela Winkler. In der Erinnerung haben beide Erlebnisse ihren Platz, verknüpfen sich – es geht immer weiter.

Im Theater bin ich auch einer Bemerkung von Arthur Schnitzler begegnet, die es wohl trifft: „Es gibt mehr Arten von Einsamkeit, reinere, schmerzlichere, tiefere als die wir so zu benennen pflegen … Wurdest du noch nie mitten in einem höchst anregenden Gespräch mit deinem Freund der völligen Unsinnigkeit all eurer Worte und der Hoffnungslosigkeit bewusst, einander jemals zu verstehen? Ruhtest du noch nie selig in den Armen deiner Geliebten und spürtest mit einem Mal untrüglich, dass hinter ihrer Stirn Gedanken spielen, von denen du nichts ahnst? All dies ist schlimmere Einsamkeit als das, was wir gewöhnlich so zu nennen pflegen: das Alleinsein mit uns selbst. Denn dieses, gemessen an all jenen andern wirklichen Einsamkeiten, in denen Unheimlichkeit, Gefahr und Verzweiflung ist, bedeutet einen so harmlos-beschaulichen Zustand, dass wir dies Zusammensein mit uns selbst eher als die mildeste und bequemste Form der Geselligkeit empfinden sollten."

Zu milde, zu bequem sollte es nicht werden.

Angelika Obert, Pfarrerin im Evangelischen Rundfunkdienst, geboren 1948. Nach bewegten Paarungszeiten solides Arbeitsleben als allein erziehende Mutter. Immer in Versuchung, zu viel Zeit am Schreibtisch zu verbringen. Aber ein Abend in der Woche soll Freunden gehören und einer der Kultur: Kunst, Kino, häufig Theater. Körperarbeit ist ihr wichtig und Lesen. Den Sonntagabend mag sie am liebsten: Da denkt sie nicht, sondern guckt „Tatort".

Es ist nicht gut, dass der Mensch allein sei,
und besonders nicht, dass er alleine arbeite;
vielmehr bedarf er der Teilnahme und Anregung,
wenn etwas gelingen soll.

Goethe an Eckermann

Lange braune Zöpfe

Bernhard Vogel

Ich weiß nicht, ob ich in dieses Buchprojekt passe. Beinahe hätte ich es abgelehnt, der Anfrage zu entsprechen, weil die Sache vor der Person stehen und Privates privat bleiben sollte.

Ja, in der Tat, ich lebe allein! Aber ich habe den Beruf des Singles zu keiner Zeit angestrebt. Es hat sich, wie vieles andere in meinem Leben, schlicht im Laufe der Zeit so gefügt.

Natürlich war ich vor und nach dem Abitur und in der Studentenzeit in das eine oder andere Mädchen verliebt – in eine vielfältig Umworbene mit langen, braunen Zöpfen ganz besonders. Sie hat sich schließlich anders entschieden: für einen – nach meinen damaligen Vorstellungen – viel zu alten Mann. Ich war ihr zu jung. Sie steht mir bis heute vor Augen. Ganz vergessen habe ich sie nie. Inzwischen ist sie allerdings Großmutter und hütet ihre Enkel.

Mein Beruf, nein, das, was nach und nach zu meinem Beruf wurde, hat mich früh über die Maßen in die Pflicht genommen. Und als ich mit vierunddreißig Jahren Minister wurde, begann ich sehr vorsichtig zu werden. Ging es wirklich um mich und um meine Person, oder ging es nur darum, mit mir angeben zu können? Ich gebe zu, dagegen habe ich Abwehrkräfte entwickelt.

Es ist das Natürlichste von der Welt zu heiraten. Aber nur, wenn sich die richtige Partnerin findet. Einen Zwang gibt es – Gott sei Dank – nicht. Es hat sich leider nicht gefügt, und jetzt wird es sich möglicherweise auch nicht mehr fügen. Besser unverheiratet als mehrfach unglücklich!

Ein sehr großer Bekanntenkreis, viele Freunde – und Freundinnen – haben mich nie wirklich einsam sein lassen. Allerdings habe ich auch die Erfahrung gemacht, dass man viele Freunde hat, wenn es einem gut geht, und gute Freunde, wenn es einem schlecht geht.

Als Ministerpräsident habe ich mich lange dagegen gewehrt, als Landesvater bezeichnet zu werden. Mit vierundvierzig Jahren, auch mit fünfzig oder fünfundfünfzig, taugt man nicht recht dazu. Später habe ich eingesehen, dass in der Bevölkerung ein Bedürfnis besteht, sich nicht nur mit Institutionen und Symbolen zu identifizieren, sondern auch mit Personen, dass man Ansprechpartner sucht. Und so habe ich schließlich akzeptiert, dass es einen Landesvater geben muss und dass es Landeskinder gibt.

Im Übrigen bin ich stolz auf sechs Patenkinder; zwei Mädchen, vier Buben. So unterschiedlich und so gut geraten, wie man sich das nur wünschen kann. Zu allen stehe ich in lebendigem Kontakt.

Erfreulicherweise fehlt es mir auch mit meinen jetzt dreiundsiebzig Jahren nach wie vor nicht an Aufgaben. Und da man nichts nur teilweise oder halb machen sollte, nehmen sie mich voll in Anspruch. Den Tag über, besonders auch am Abend und an den Wochenenden.

Habe ich einmal Zeit oder nehme ich sie mir, freue ich mich auf ein paar Stunden, in denen niemand etwas von mir will. Ich genieße es dann zu lesen, Musik zu hören – Mozart nicht nur im Mozartjahr besonders gern –, ein Glas Wein zu trinken und vor allem ungestört eine Zigarre zu rauchen. In den Urlaub, meist in die Tiroler Berge, fahre ich ohnehin nie allein. Auf Berghütten und beim Skatspiel muss man in Gesellschaft sein.

Noch einmal, ich bin ein Single, weil es sich so gefügt hat, nicht, weil ich es so gewollt oder angestrebt hätte. Aber ich bin darüber nicht unglücklich.

Bernhard Vogel, Politiker, geboren 1932, Studium der Politischen Wissenschaft, Geschichte, Soziologie und Volkswirtschaft in Heidelberg und München, Kultusminister (1967 bis 1976) und Ministerpräsident (1976 bis 1988) von Rheinland-Pfalz und Thüringen (1992 bis 2003), seit März 2001 (ehrenamtlicher) Vorsitzender der Konrad-Adenauer-Stiftung.

Gott, gib mir die Gelassenheit,
Dinge hinzunehmen, die ich nicht ändern kann,
den Mut, Dinge zu ändern, die ich ändern kann
und die Weisheit, das eine vom anderen zu unterscheiden.

Friedrich Christoph Oetinger

Hühnersuppe für die Nachbarin

Monika Herrmann

„Sie dürfen gern auch Ihren Mann mitbringen. Wir würden uns freuen." – Solche Einladungen zu allen möglichen Gelegenheiten bekomme ich immer wieder. Auf meine stereotype Antwort: „Ich hab keinen Mann, aber ich komme auch gern allein", sehe ich in den Gesichtern der Einladenden so eine Mischung von „Ach wie, hätte ich jetzt nicht gedacht", „Ist ja schade" über „Mein Gott, wie erträgt sie nur diese Einsamkeit" bis zu „Na, was mag die wohl für eine sein, dass sie keinen abgekriegt hat". Frauen, die allein leben, als Single, wie es neudeutsch heißt, ernten immer noch dieses eigenartige Erstaunen, wenn sie sich outen. Männern gesteht die verpartnerte Gesellschaft übrigens eher ein Single-Leben zu. „Der arbeitet doch Tag und Nacht, was soll der mit einer Frau?", heißt es zur Entschuldigung.

Es ist Weihnachten und ich überlege mir, wie ich in diesem Buch mein Single-Leben öffentlich mache. „Single" –

diesen Begriff mag ich eigentlich überhaupt nicht. Ich finde ihn sogar richtig bescheuert. Aber auch andere Stereotypen passen nicht so richtig. Allein lebend, allein stehend, ohne festen Partner? Deshalb bleibe ich hier für dieses Buch beim Begriff „Single". Irgendwie stimmt die Kategorie sowieso nur bedingt. Denn eigentlich gibt es gar kein wirkliches „allein". Jeder Mensch lebt in irgendwelchen Netzen. Auch Singles haben ja – meistens jedenfalls – Familienangehörige. Auch wenn die oft weit weg sind. Im realen und im übertragenen Sinn. Singles leben zusammen mit Nachbarn, Arbeitskollegen, Freundinnen und Freunden. Das bestätigt meine These: Singles gibt es eigentlich nicht. Im Sinne dieses Buches sind Menschen gemeint, die in keiner festen Partnerschaft leben, ob nun verheiratet oder verpartnert, die nicht in einem Haushalt zusammen leben, nicht das gleiche Bett teilen. Menschen, die Beziehungen hatten und haben, Witwen, Geschiedene, alte Menschen. – Alles Singles? Na, ich weiß nicht.

„Wer liest denn solche Geschichten überhaupt", fragt mich mein Sohn, als ich ihm von diesem Buchprojekt erzähle. „Heute gibt es doch fast nur noch Singles", sagt er. „Das Thema ist durch", gibt er mir unmissverständlich zu verstehen. Tatsächlich denke ich auch so. Aber gerade weil es „durch ist", reizt es mich auch, das Single-Thema neu zu überdenken. Für mich selbst und vielleicht auch für diejenigen, denen Singles immer noch ein bisschen suspekt sind. Für solche, die uns bedauern.

Meine Freundin Britta zum Beispiel: „Sag mal, du musst ja abends immer unheimlich viel Langeweile haben", tastet sie sich an meine Lebensweise heran und fragt ziemlich unverblümt, ob ich mich einsam fühle. Wir sitzen in der Kneipe und trinken Rotwein und Wasser. Britta ist Sozialarbeiterin, verheiratet und lebt – wie ich finde – recht eingeengt. Wenn ich sie anrufe, meldet sich regelmäßig ihr

Mann. „Ja die Britta, äh, heute Abend wollt ihr euch treffen? Ich glaube, das wird eng." Er gibt mir noch zu verstehen, dass seine Frau gerade beim Einkaufen sei und nachher noch kochen müsse. Ich verstehe, bestelle schöne Grüße und lege auf. So ist es fast immer. Heute, in der Kneipe beim Rotwein, sprechen wir darüber. Ich frage Britta, wie sie das denn erträgt. Dass ihr Mann sozusagen über ihre möglichen Verabredungen bestimmt. „Ach weißt du, das ist alles nicht so schlimm und es gehört einfach zu unserer Ehe", erklärt sie mir. Ich fasse es nicht. Aber Britta ist keine Ausnahme. Viele meiner Freundinnen und Freunde, die ehelich oder eheähnlich verbunden sind, jedenfalls nicht allein leben, sagen mir, dass sie Termine, die in der Freizeit stattfinden, grundsätzlich miteinander absprechen. Samstag oder Sonntag im Fitness-Studio beispielsweise. Nur Frauen trainieren hier. Wir kennen uns alle recht gut. Den Sport haben wir nach zwei Stunden hinter uns. Eine Tasse Kaffee zum Abschluss? Vielleicht im Café um die Ecke? Keine Chance. „Weißt du, heute ist es schlecht, mein Mann wartet, wir wollen gemeinsam einkaufen gehen." Oder essen. Oder was weiß ich machen. In meiner Familie ist das auch so. „Was machst du zu Ostern?", frage ich. „Keine Ahnung, aber ich besprech' das mit: sowieso. Du bekommst Bescheid. Vielleicht können wir uns sehen." Ist das normal? Mag sein, es ist normal. Mir sträuben sich da eher die Nackenhaare. Es kann doch nicht sein, denke ich, dass erst der Partner oder die Partnerin über ein mögliches Treffen informiert werden muss und dann die Entscheidung fällt.

So oder so. In diesen Momenten bin ich mit meinem Single-Leben richtig glücklich. Ja, ich empfinde es als Geschenk, frei zu leben und frei zu entscheiden. Und zwar in allen Dingen, zu allen Zeiten und bei jeder Gelegenheit.

Wie viele Jahre lebe ich eigentlich schon so frei? Ehrlich gesagt, es sind viele Jahre. Verheiratet war ich nur ganz kurz. Danach fühlte ich mich tatsächlich irgendwie befreit. Allein erziehend und allein lebend. Ich hatte mit meinem Sohn eine Super-Zeit, ich hatte und habe immer noch einen Super-Beruf, der mich weder einengt noch reglementiert, sondern frei arbeiten lässt. „Als freie Journalistin – muss man da nicht Tag und Nacht arbeiten?", werde ich manchmal gefragt. Klar, zuweilen schon. Aber ich bin ja Single. Und ich muss niemanden gnädig stimmen, wenn ich am Wochenende meine Sendungen in den Computer kloppe, wenn die Studiotermine am späten Abend liegen oder wenn ich ganz auf die Schnelle mal nach Hamburg zum Interview fahren will. Ohne Fragen, ohne Absprachen, ohne um Verständnis zu werben – einfach machen. Das ist doch Freiheit – oder? Meine verpartnerten und verheirateten Freunde und Freundinnen werden das nie verstehen, da bin ich sicher.

Es ist Weihnachten. Ich hab ein paar Gedanken zum Thema Single-Leben im Kopf und schreib sie sofort auf. Gerade ruft eine Freundin an und wünscht mir ein schönes Fest. Dabei teilt sie mir mit, wie schrecklich der Heilige Abend war. „Mein Mann war richtig schräg drauf, die Schwiegereltern sind nach der Ente gegangen und die erwachsenen Kinder, die irgendwo in der Welt verstreut leben, haben nicht mal angerufen", teilt sie mir mit. Sie scheint völlig verzweifelt zu sein. Aber was soll ich sagen? Tut mir Leid? Klingt abgedroschen. Und ehrlich gesagt, es tut mir auch nicht Leid. Denn seit Jahren spielen sich die Weihnachtstage bei besagter Freundin in dieser Weise ab. Selber Schuld, wäre zu hart. Also lade ich eine völlig deprimierte Sechzigjährige zu mir auf einen Kaffee ein. Ich bin bereit, mein Schreiben zu unterbrechen und mir Zeit zu nehmen. „Jetzt gleich?", fragt sie. Na, klar! „Aber das geht jetzt wirklich schlecht", höre ich sie jammern. „Heute ist doch Weihnachten und mein Mann würde gern" ... Also doch selber Schuld, denke ich. Und sie: „Was machst du denn gerade?“ Ich spüre, sie ist neugierig. „Ich arbeite an einem Buch“, sage ich ihr. „Was, du schreibst, heute an Weihnachten?“ Wieder so ein Moment, wo ich denke, sei froh über dein Leben.

Wobei ich beim Typ „Jammer-Single“ wäre. Es gibt sie nämlich auch: diese allein lebenden Männer und Frauen, die, wo sie gehen und stehen, nur herumjammern, heulen, wenn Weihnachten oder sonst irgendwelche Feste nahen. Einsamkeit sagt man ihnen nach und sie werden selbstverständlich bedauert. Ja, die anonyme Großstadt sei schuld, dass immer mehr Menschen vereinsamen, heißt es. Besonders betroffen seien Menschen in Hochhäusern. Da sei die Anonymität am schlimmsten, weil es keine funktionierende Nachbarschaft mehr gebe, sagen Sozialwissenschaftler. Kirchen, Radiosender und Clubs öffnen sich für allein lebende Menschen. Besonders an Festtagen. Da gehen die Alten zur Stadtmission und die jungen Singles verbringen die Feiertage in Clubs und Kneipen. Da treffen sie dann wieder auf Singles und sie jammern sich gegenseitig die Ohren voll. Ich gehe weder zur Stadtmission noch in Kneipen – jedenfalls nicht, weil ich mich einsam fühle.

Aber ich frage mich immer wieder: Wie viele Singles gibt es denn in Familien? In Ehen? In Partnerschaften? Ich kenne einige Freunde und Bekannte, die dort längst ihr eigenes Leben führen – als Single. Auch wenn es nach außen einen anderen Eindruck macht. Sie leben zwar noch in einer Wohnung zusammen, schlafen aber in getrennten Zimmern, kaufen ihre eigenen Lebensmittel. Kein Scherz, aber ein echtes „Double-Single-Leben“.

Wer allein lebt, hat Zeit. Er muss schließlich niemanden bekochen, für niemanden waschen, bügeln. Nur für sich selbst sorgen. Was machen Singles eigentlich den ganzen Tag, an den Wochenenden? Auf solche Fragen sind Nicht-

Singles richtig heiß. Obwohl die halbe Welt weiß, dass ich als Journalistin arbeite, wird mir immer wieder unterstellt, ich hätte doch Zeit. Also klingeln die Nachbarn zu allen nur möglichen Tageszeiten. „Störe ich?", fragen sie höflich. Na klar, denke ich. Aber ich sag das natürlich nicht, sondern bin nett, bitte die Ratsuchenden und Verzweifelten herein. Wenn das Gespräch dann mit „Wissen Sie, es gibt da ein Problem …" beginnt, mache ich mich auf einiges gefasst. Ich lerne Familientragödien kennen. Ich tröste Trauernde und gebe Rat. Wenn es einen Opa gibt, der dringend einen Pflegedienst braucht, wenn die Tochter abgehauen ist und von der Polizei aufgegriffen wurde. Wenn der fünfte oder sechste Alkoholentzug wieder nichts gebracht hat, rate ich dennoch zu einem siebenten Versuch. Meine Nachbarn wissen wohl, dass ich das ganze soziale Elend immer wieder zum Thema meiner Sendungen, Reportagen und Bücher mache. Sie halten mich also für kompetent und vertrauen mir ihr ganz privates Elend an. Ich höre zu, ich rate zu oder auch ab. Ich entwickle mit meinen „Klienten" gemeinsam Strategien, die aus Krisen herausführen. Manchmal sind sie von Erfolg gekrönt, manchmal nicht.

Ich bin weder Sozialarbeiterin noch Therapeutin, sondern nur eine Nachbarin, die sich Zeit nimmt. Weil sie allein lebt? Vielleicht auch deshalb. Denn ich bin überzeugt: Würde ich mit einem Partner zusammenleben, würde er die Tür öffnen und in die ratlosen und hilflosen Gesichter sehen – ich könnte mein „Sozialbüro" schließen, die Sprechzeiten zumindest drastisch verkürzen. „Fühlst du dich ausgenutzt?", fragte mich vor kurzem eine Kollegin. Ehrlich gesagt, manchmal schon. Und wenn ich für meine Nachbarin, die an Lungenentzündung erkrankt ist, Hühnersuppe koche, frage ich mich: Wer würde eigentlich für mich Hühnersuppe kochen, wenn's mir schlecht ginge?

Ich beobachte, dass zunehmend ältere und alte Menschen zusammenziehen, Wohngemeinschaften gründen, viele sogar heiraten. Single-Leben im Alter – das macht vielen Angst. Wer pflegt mich, wenn ich krank bin, vielleicht einen Schlaganfall erleide und gelähmt bin?

Im Alter ist die Angst vor dem Alleinsein besonders groß. Weniger bei denen, die praktisch ihr ganzes oder halbes Leben allein waren. Wohl aber bei Menschen, die im Alter erst zu Singles werden.

Männer beispielsweise, deren Frauen gestorben sind, geraten nach einer Phase der Trauer regelrecht in Panik, wenn sie ihre Zukunft bedenken. Und was tun sie? Sie gehen „auf Suche" nach weiblichen Singles. Das heißt, sie geben Kontaktanzeigen auf, lassen sich in Partnervermittlungen registrieren. Und eines Tages treffe ich sie. Irgendwie verändert. Frisch rasiert und frisiert, jugendliches Outfit. „Ich bin auf dem Weg zu meiner Freundin", flöten sie mir entgegen. Männer kommen mit dem Alleinsein nicht zurecht. So viel steht fest. Viele haben vor dem Tod ihrer Frau alles andere als eine „gute Ehe" geführt. Sie sind fremdgegangen oder haben regelmäßig ein Bordell besucht. Das erzählen sie sogar. In Trauergruppen beispielsweise. Jetzt wo die Ehefrau nicht mehr lebt, wo Männer zu Singles werden, kommen sie mit ihrem Leben nicht mehr klar. Eine neue Frau muss her. Möglichst schnell wird geheiratet. Vorher finden sogar richtige Verlobungen statt. Warum das alles? „Ich fühle mich halt wieder versorgt", sagt der eine. Und die Liebe? „Die kommt schon mit der Zeit."

Frauen dagegen denken erst mal gar nicht daran, sich wieder neu zu binden. Sie blühen nach Scheidung, Trennung oder dem Tod ihrer Männer, Freunde, Partner oft erst richtig auf. Jeder von uns kennt solche Beispiele. Ich fühle mich dieser Gruppe auch sehr nahe. „Pass auf, dass du nicht zur Männerhasserin wirst", ermahnt mich meine Freundin Maria regelmäßig. Werd' ich nicht und bin ich auch nicht. Im Gegenteil. Ich mag Männer. Aber ich bin eben wählerisch – geworden.

Maria auch. Sie ist geschieden. Schon lange. Aber sie ist ständig „auf der Suche". Ihre große Wohnung will sie nicht aufgeben, weil sie hofft, irgendwann mit einem neuen Mann hier zu leben. Wenn wir zusammen im Café sitzen oder U-Bahn fahren, machen wir manchmal einen Test: Wir schauen uns die um uns herum sitzenden und stehenden Männer an und fragen uns: Wollen wir einen davon bei uns zu Hause haben? Immer wieder das gleiche Kopfschütteln. Bis zum nächsten Test. Maria und ich sind uns einig: All die Männer mit Glatzen, dicken Bäuchen, Haaren in der Nase und in den Ohren, den komischen bunten Anoraks, den weißen Tennissocken mit roten Streifen und Sandalen – ach nee, lieber nicht. Männer, die wirklich gut aussehen – und die gibt's ja auch wirklich – egal wie alt, die höflich sind, hilfsbereit, die allein einkaufen gehen und dann auch noch super fantastisch kochen – die sind schwul. Meistens jedenfalls.

Zwölf Millionen Single sollen in Deutschland leben. Das hat die „Zeit" vor kurzem herausgefunden. Einer Randgruppe zugehörig fühle ich mich also nicht. Dennoch wird die allein lebende Frau im vierten Stock kritisch beäugt. Was macht sie zu Weihnachten? Zu Silvester? Besuchen mich Männer, wird das registriert. Werde ich mit einem im Fahrstuhl gesehen, führt das zu Irritationen. Wer sind diese Männer? Ich spüre förmlich die Neugier in den Augen meiner Nachbarn. Also doch Randgruppe, also doch Exotin? Mir macht das alles nichts aus. Wenn ich die Streitereien in den Familien rechts und links von mir mitbekomme, denke ich – eh, du hast es gut. Wirkliche Paare kenne ich tatsächlich nur wenige. Viele bleiben zusammen,

„weil das finanziell günstiger ist", wegen der Kinder oder einfach aus Bequemlichkeit. Sie leiden, aber sie bleiben. In Wirklichkeit sind sie längst Singles. Und ich überlege mir, ob es nicht besser ein Buch über all die verkorksten Ehen und Partnerschaften geben sollte. Aber das Thema ist ja auch „durch".

Was ist los mit unserer Gesellschaft, mit den Kirchen und mit uns selbst? Wir halten Ehe und Familie für eine heilige Kuh, egal wie es um beide steht. Singles wird geradezu unterstellt, einsam und allein zu sein, den Anschluss verpasst zu haben und sogar zu Depressionen zu neigen. Singles haben in Familienkreisen der Gemeinden nichts zu suchen. Sie treffen sich separat. Wenn überhaupt. Ich weiß, wovon ich rede. Ich habe es erlebt. Ich bin rausgeschmissen worden. Und von Singles wird erwartet, dass sie sich sozial engagieren. Ehrenamtlich natürlich. Tatsächlich wuseln sie auch in all den Suppenküchen, Kleiderkammern und Lebensmittel-Ausgabestellen herum. Ich wurde auch schon angesprochen. „Verheiratete haben wir weniger bei der Essensausgabe", sagt der Pfarrer. Und dann: „Singles haben doch Zeit, Langeweile und sie sind gern unter Menschen." Ich frage mich, wann es die ersten Gottesdienste für meine Randgruppe gibt. Vielleicht mit besonderen Fürbitten „für alle Singles, die allein leben, einsam sind" und so weiter?

Mich ärgert, dass Single-Leben immer in Verbindung mit Einsamkeit diskutiert wird. Mit allein sein. Allein leben bedeutet ja nicht allein zu sein. Lange Abende ohne Partner. „Oh Gott, wie geht das überhaupt?", werde ich manchmal gefragt. Sicher, manchmal vermisse ich das. Keinen zu haben, der mich spontan in den Arm nimmt, keinen Gutenacht-Kuss und selten ein gemeinsames Frühstück. Aber hat es Sinn, ständig an diese Einschränkungen zu denken? Dann würde ich mich nicht unterscheiden von all denen, die ich gerade beschrieben habe, die jammern und nicht zurecht kommen mit dem Allein-Leben. Ich lebe wie ich lebe und das ist gut so. Wie das in Zukunft sein wird, weiß ich nicht. Jeder Tag ist anders, auch für Singles.

Und es gibt tatsächlich viele Vorteile. Versicherungen beispielsweise haben ein Herz für Singles. Sie bieten extra günstige Tarife für Menschen wie mich an. Weiß ich erst seit kurzem. Aber man kann ja nicht alles wissen. Meine sündhaft teure Haftpflichtversicherung habe ich jedenfalls gleich umstellen lassen. Auf den Single-Tarif. Und der lohnt sich wirklich.

Monika Herrmann, freie und vor allem kritische Journalistin und Buchautorin, geboren 1943, schreibt Artikel für Zeitungen und macht eine Sendung nach der anderen. Ihre Spezial-Themen: Das gesamte soziale Elend auf dieser Welt. Deshalb hat sie auch ein Herz für alle Mühseligen und Beladenen. So nach dem Motto: Nicht verzagen – Herrmann fragen. Zum Ausgleich: Sport. Zur Entspannung: Qi-Gong und quatschen mit netten Menschen.

Wir brauchen nicht so fortzuleben
wie wir gestern gelebt haben.
Macht euch nur von dieser Anschauung los,
und tausend Möglichkeiten laden uns zu neuem Leben ein.

Christian Morgenstern

Kein Mitleid, bitte

Margarete Jooß

„Do you know French?" Die schrille Stimme hinter mir scheint sich beinahe zu überschlagen, während ein einzelner Finger hektisch auf meinen Arm tippt. Ich drehe mich um und blicke in ein paar schwarz-rosa umrandete Augen, die hilfesuchend unter einem blondierten Pony hervorschauen und nicke zögerlich. Erleichterung macht sich auf ihrem Gesicht breit. Das Mädchen mit dem Snowboard winkt ihre Freundin herüber. Sie wüssten den Weg zur Jugendherberge nicht und könnten sich nicht verständlich machen. Ich ziehe den Reiseführer aus der Tasche und zeige ihnen den Stadtplan von Quebec und die Lage der Jugendherberge.

Auf dem Weg kommen wir ins Gespräch. Zwei Mädels aus Chicago, fast fertig mit der Highschool, die das Snowboard-Abenteuer suchen. Und ich? Ja, ich studiere schon, bin sogar fast fertig und ich bin aus Germany, „oh my god, how exciting!". Ich komme mir unheimlich erwachsen vor. Doch dann, kaum haben wir den Busbahnhof verlassen und das vermeintlich Wissenswerte voneinander ausgetauscht, ist sie da. Die neugierige und unheimliche Frage, die mir irgendwann jeder stellt, den ich treffe. Ob ich denn allein reisen würde. Ich bejahe und ernte einen wissenden Blick. Von wegen, nichts wissen sie über mich. Ich fühle mich herausgefordert, beginne die Vorteile des Allein-Reisens in blumigen Farben auszumalen. Ungestörte Ruhe genießen, keine aufreibenden Diskussionen darüber führen, wer was wann besichtigen will, den Blick für fremde Menschen öffnen, einen spontanen Plan verwirklichen, ein langes Schweigen nicht erklären müssen. Sie nicken erschlagen, in ihren Augen – Mitleid. Die Arme ist ja schon ganz verzweifelt, muss sich ihre Situation schön reden. Versagerin. Ich lächle gequält, ringe um Souveränität und frage, ob sie denn einen „boyfriend" hätten. Sie ziehen die Augenbrauen hoch, Schulterzucken. Natürlich! Und in Klammern: so wie sich das gehört. Nein, es gehört sich eben nicht so. Ich fühle mich wohl als Single, verdammt. Meine neuen Beteuerungen spicke ich mit kleinen Angriffen in ihre Richtung. Unabhängigkeit, Selbstvertrauen, Freiheit. Ha, was haben sie denn dagegenzuhalten? Der Sieg ist mir sicher, die Souveränität wiedergefunden. Sie könnten darauf verzichten, sagen sie mir ins Gesicht. Da wäre doch ihr Freund. Er, die Garantie für das eigene Selbstvertrauen, der gesicherte Tagesablauf, der persönliche Wegweiser.

Wir erreichen die Jugendherberge. Ich bin froh, in dem Mehrbettzimmer niemanden anzutreffen. Das Gespräch ärgert mich immer noch. Ich frage mich, ob es nicht doch eine Vorwärtsverteidigung von meiner Seite war. Das Glücklichsein, das sich unabhängig Fühlen, das Tun und Lassen, was ich will. Aber will ich das denn? Bin ich manchmal nicht doch meiner ständigen Eigenverantwortung müde, der alleinigen Entscheidungen überdrüssig?

Mein Reiseführer begleitet mich – also doch! – in die Herbergsküche. Mit meinen Nudeln fühle ich mich sicher.

Wer den Mund voll hat, kann mit niemandem reden. Ich beobachte ein nicht mehr ganz junges Ehepaar am Nebentisch, das die Aktivitäten für den nächsten Tag plant. Ab und zu kommen die beiden Kinder an den Tisch und ruhen sich vom wilden Fangen spielen auf dem Schoß der Eltern aus. Das Ehepaar räumt den Tisch ab. Plötzlich setzt sich die Frau zu mir. Ich ahne Schreckliches. Bitte nicht noch so eine Mitleidsszene.

Sie erzählt mir von ihrem Vorhaben, mit der Familie ein Jahr durch Nord- und Südamerika zu reisen. In Länder, die sie schon immer sehen wollten. Für diesen Traum haben beide ihren Job gekündigt, ihr Haus vermietet und das Auto verkauft. Als Lehrer können sie ihre Kinder während dieser Zeit selbst unterrichten. Warum ich denn hier allein unterwegs sei, fragt sie mich anschließend. Doch in ihren Augen sehe ich kein Mitleid, kein Stirnrunzeln, eher Interesse, Anerkennung, fast schon Verständnis. Ich antworte ihr, dass es ein Traum von mir sei, durch Kanada zu reisen, den ich wahr machen wollte. Und dass ich nicht dauernd mit dem Bewusstsein eines leeren Platzes neben mir leben wolle, das mir den Weg zum Selbstvertrauen und zum Mut, meine (Reise-)Träume wahr zu machen, versperrt. Denn dann würde ich nie bei mir ankommen, nie ein Zuhause in meinem Selbst einrichten können, sondern dieses Gefühl immer nur bei einem anderen suchen.

Während des darauf folgenden Schweigens mustere ich sie aufmerksam. Ich frage mich, was sie wohl denkt über diese emotionale Antwort, die sie wahrscheinlich nicht erwartet hat. Schließlich lächelt sie und nickt mir bestätigend zu. Sie hat verstanden. Ihre kleine Tochter kommt und hängt sich an ihren Arm. Dann zwinkert sie mir aufmunternd zu: „Wollen wir zusammen mit den Kindern das Löffelspiel machen? Uns fehlt noch ein Mitspieler."

Ich merke, dass mir diese Frage gut tut. Und dass mich jemand fragt.

Margarete Jooß, Studentin und freie Autorin, 1981 geboren und im Schwabenland aufgewachsen. Soziales Jahr in Rom und anschließend Studium der Publizistik und Erziehungswissenschaft in Göttingen, Sydney und Berlin, wo sie auch heute lebt. Wo immer sie ihre Zelte aufschlägt, stehen Kontakte zu Menschen für sie im Mittelpunkt. Schreiben, lesen, reden, alles rund um (fremde) Sprache liegt ihr am Herzen. Ihre liebste Lektüre sind Reiseführer, jeder Cent wird in Flugmeilen umgewandelt. Damit sie immer weg kann, wenn ihr die Pärchenluft zu dick wird.

Im Internet ist Freundschaft oft vergebens,
im Internet ist Liebe nur ein Spiel …

Kandis, Dänische Popgruppe

Vage Hoffnungen aufs große Glück

Benjamin Lassiwe

„Im Internet ist Freundschaft oft vergebens, im Internet ist Liebe nur ein Spiel …" So wie eine bekannte dänische Popgruppe die Welt des Chattens, Single-Suchens und Online-Datings charakterisiert, trifft es durchaus zu. Denn auch wenn in ganz Deutschland mehrere hunderttausend Menschen bei Partnerschaftsvermittlungen und Kontaktbörsen im weltweiten Datennetz registriert sind – noch musste kein einziger Standesbeamte in der Bundesrepublik seinen Job wegen internetbedingter Überlastung an den Nagel hängen.

Ein kleiner Selbstversuch. Der ständig aktive Journalist, achtundzwanzig Jahre alt, mit einer gepflegten 60-Stunden-Woche, gerne auch am Wochenende überall im Einsatz. Die konventionelle Suche nach einer Lebensabschnittsbegleitung scheidet aus: Wenn andere feiern, schreibt der Zeitungsmann darüber einen Artikel. Für eigene Freizeit hingegen fehlt die Zeit. Herkömmliche Kontaktanzeigen scheiden aus: „Frau, neunundfünfzig, drei Kinder sucht …" Nein danke, nichts für mich. Oder: „Christina, dreißig

Jahre, gehbehindert ..." Den Rest meines Lebens einen Rollstuhl schieben möchte ich auch nicht. Und schon gar nicht jene Annoncen, bei denen die eigene Religion über die Charaktereigenschaften und das Aussehen gestellt wird. „Manuela, wiedergeborene Christin mit Hang zur Lobpreismusik sucht gläubiges Mitglied einer Pfingstgemeinde, keine Pietisten, für ein gemeinsames Leben nach Gottes Geboten."

Vielversprechend hingegen wirkt das Internet. Portale wie Neu.de oder Love@Lycos werben mit Hunderttausenden charmanter Altersgenossinnen, die zudem oft mit durchaus ansehnlichen Fotos ausgestattet sind. Auf den ersten Blick erhält der potentielle Märchenprinz den Eindruck, statt des werbenden Herolds mit Klampfe und Wappenschild nur noch eine E-Mail abschicken zu müssen. Stimmt ja auch. Doch während es der mittelalterliche Herold meistens schaffte, die gefahrvolle Reise zum Hof der Angebeteten einigermaßen unbeschadet zu überstehen und auf sein Werben sogar noch eine Antwort mitzubringen, arbeitet die elektronische Post am Beginn des 21. Jahrhunderts offenbar weitaus unzuverlässiger. Denn will Mann nicht glauben, dass die werten Inserentinnen ihre Mails von vornherein nicht lesen und an der eigenen, so überzeugenden Visitenkarte partout kein Interesse zeigen, bleibt ja eigentlich nur die moderne Technik übrig, der man die Schuld am permanenten Ausbleiben jeglicher Antworten zuschieben kann.

Aber zum Glück gibt es ja Damen wie Carolina*. Sie schreiben fleißig, sogar sehr fleißig. Höchstwahrscheinlich bekommt jedes bei Neu.de angemeldete männliche Wesen aus Berlin gleich in der ersten Woche einmal Post von ihr. Natürlich auch mit einem professionell geschossenen Foto – „Schau mal, das bin ich, ohne Unterwäsche auf dem

---

* alle Namen im Text geändert

Bett." Wer das Bild einen Moment betrachtet, weiß freilich genau, in welche Richtung hier die Häsin läuft. Denn Madame ist mit ihren etwa fünfunddreißig Jahren eindeutig zu alt dazu, sich in der kalten, zugigen Berliner Winternacht noch an einschlägigen Straßenkreuzungen zu postieren. Also hat sie eine Umschulung absolviert: Kundenakquise im Internet. Schließlich sind Portale wie Neu.de, streng betrachtet, ein guter Fischteich, wenn Frau das Netz nach jenen Verzweifelten auswerfen will, die schon beim Anblick einer ungeschminkten Straßenprostituierten erhöhten Spermiendruck verspüren. Und auch wenn ich der findigen Jungunternehmerin ein Erlebnis à la „Pretty Woman" wünsche – ich heiße nicht Richard Gere. Gleich nach der Lektüre der ersten E-Mail habe ich sie als Absenderin gesperrt. Dummerweise ist Carolina leider nicht die einzige Dame des Gewerbes, die auf diese Art Kundenfang betreibt.

Da ist es schön, dass andere Inserentinnen weit weniger fleischliche Motive als Grund für ihre Kontaktanzeige angeben. Jacqueline zum Beispiel. Eine Studentin der Sozialpädagogik, die eine ganze Zeit lang bei einem der Marktführer des Online-Datings angemeldet war. „Ehrlichkeit und Vertrauen" seien ihr wichtig, schrieb sie in ihrer Online-Anzeige. Dazu kamen einige Urlaubsfotos und ein Bild von einer Party. Wer der Mann auf dem Partyfoto war, schrieb sie in ihrer dritten E-Mail: Michael. Der Exfreund. Ein „Schwein", wie sie es formulierte. Zugegeben, sie brauchte eine halbe A4-Seite voller Kraftausdrücke, Schimpfwörter und schlechter Eigenschaften, um das Wort „Schwein" zu definieren. Doch nun hatte sie sich von ihm getrennt und war auf der ernsthaften Suche nach einer neuen Beziehung. Freilich, Michael hatte ja auch gute Eigenschaften. Er war stark, gut im Bett – immer wieder kamen diese Dinge in ihren Mails zur Sprache. Und plötzlich war sie überglücklich. Denn ganz in der Nähe ihrer bisherigen gemeinsamen Wohnung hatte sich Michael eine neue Bleibe gesucht. Einen „Schweinestall", sozusagen, auch wenn die tierischen Bezeichnungen für den Exfreund schon längst vergessen waren. In der letzten E-Mail schrieb sie, der arme Mann sei ja so krank, und sie müsse ihn nun pflegen gehen. Muss Liebe schön sein.

Ganz generell verläuft die Online-Partnersuche meist nach einem klaren Muster: Der Mann schreibt und mit etwas, nein: sehr viel Glück antwortet die Frau. Meist tut sie es nicht. Generalverdacht ist angebracht, wenn sich die holde Damenwelt von selber meldet. So wie Nadja, eine durchaus attraktive Russin aus der Nähe Moskaus. Eine in gebrochenem Deutsch geschriebene E-Mail von ihr verirrte sich eines Tages in meinen Briefkasten beim Flirtportal. Sie lerne Deutsch und habe daher Interesse an einem näheren Kontakt mit einem Deutschen. Zwei E-Mails später folgte eine Telefonnummer, offensichtlich ein Handy in Russland. Nun, mit Moskau hatte ich noch nie telefoniert, aber warum nicht einmal das Neue wagen. Es soll ja Leute geben, die auf diese Weise glücklich wurden. Das Gespräch drehte sich im Großen und Ganzen um ihre Familie. Denn ihr holdes Schwesterherz war mit einem deutschen Spätaussiedler verheiratet und lebte nun im Ruhrgebiet. Nadja hingegen musste in der winterlichen Kälte Moskaus ausharren und eine Ausbildung hatte sie auch nicht. Gemeinsam entwickelten die Schwestern eine Idee: Warum nicht über Neu.de einen armen Trottel – äh, liebevollen Ehemann suchen, der dafür sorgt, dass Nadja das begehrte Visum und obendrein eine gute Ausbildung erhält? Ein weiteres Telefongespräch nach Moskau habe ich nie geführt. Einige Wochen später allerdings verschwand Nadjas Profil aus Neu.de. Und irgendwo in Deutschland gibt es vermutlich einen bedauernswerten Zeitgenossen, dessen

Bankkonto einer angehenden Chemielaborantin aus Moskau nun die Ausbildung in Deutschland finanziert.

Positive Erfahrungen? Ja, die gab es auch. Genau einmal. Mit einer Pfarrerstochter aus Berlin. Zweimal trafen wir uns in der Realität – doch an weiteren Kontakten hatte sie kein wirkliches Interesse. Warum weiß ich bis heute nicht. Doch insgesamt ist das trotzdem keine schlechte Quote: Denn wenn auch nur ein einziger Kontaktversuch zur Realität wurde – beim Zahlenlotto sind die Chancen schlechter. Und auch dort bezahlen jede Woche unzählige Menschen Geld für vage Hoffnungen aufs große Glück.

Benjamin Lassiwe, freier Journalist, geboren 1977, studierte Geschichte, liebt das Mittelalter, arbeitet an seiner Dissertation, schreibt nebenbei für eine unübersehbare Zahl von Zeitungen. Zu finden auf Bahnhöfen, Flughäfen und Pressekonferenzen, in Museen und Bibliotheken, spricht Englisch, Dänisch und Latein.

Liebe muss es schon sein

Gerrit Joswig

Der Taxifahrer hält vor meiner Tür. Ich komme gerade aus Frankfurt zurück. Der Tag begann um 5 Uhr morgens. Jetzt ist es 22.30 Uhr. Der Fahrer redet die ganze Zeit. Ich bin nur müde. Als er mir die Rechnung schreibt, sagt er heiter, wie er ist: „Jetzt wartet der Freund gewiss schon mit zwei schönen Cocktails auf Sie." Ich schaue sicherlich etwas entsetzt und sage: „Sie haben Phantasie."

Am Vorabend einer Hochzeit, ich komme spät. Nur wildfremde Menschen sitzen an der reservierten Tafel. Also stürze ich mich ins Gespräch. Wer bist du, was machst du, wo wohnst du, ich habe schon viel über dich gehört. Wer hütet denn deine Kinder? Ich hole kurz Luft und sage: Oh, ich habe nichts. Keinen Mann und keine Kinder. Ach, sagt die neue Bekanntschaft, so ging es mir auch sehr lange. Dann steht sie auf und geht zum Kinderwagen, in dem ihr Babyboy selig schläft.

Ich bin Singular, solo, allein. Man sieht es mir wohl nicht an. Wieso eigentlich nicht? Also ich. In den besten Jahren, beruflich frei, aber überlebensfähig, interessiert, amüsiert, aktiviert. Und ich möchte, möchte, möchte

41

keine Torschlusspanik haben. Nein. Nein. Nein. Aber ganz sicher bin ich mir nicht, was in meinem Unterbewusstsein passiert. Schließlich habe ich mir nicht ausgesucht, so solo zu sein. Es ist eher passiert. Der letzte Freund sagte eines Tages, er müsse herausfinden, was das für eine Frau ist, die er vor kurzem getroffen hat. Mich liebe er irgendwie nicht mehr. Bis zu diesem Moment dachte ich noch, wir seien glücklich und er wird der Vater meiner Kinder. Vorbei. Also packte ich meine Sachen und ging.

Das ist inzwischen zwei Jahre her. Ich war dreiunddreißig. Seitdem bin ich Solistin. Das Wort Single mag ich nicht, es klingt so nach Mode oder neudeutsch: Lifestyle. Mein Lebenslauf folgt keiner Mode, sondern eher dem Leben, wie es eben hier und da oft verläuft. Schon immer und immer wieder. Natürlich kenne ich andere Frauen, Männer ohne Partner. Die allein stehende Tante, den verwitweten Onkel, die geschiedene Mutter. Es gibt die verschiedensten Wege, Single zu sein, aber die wenigsten entscheiden sich bewusst für ein kultiviertes Junggesellendasein. Ich kenne keine Frau, die sich dieses Lebensmodell ausgesucht hat. Das antiquierte „allein stehend" würde mir auch nicht einfallen. Es betont etwas, das ich nicht betonen mag. Beiden Wörtern fehlt die Entsprechung. Sie klingen nach Ausnahmen. Warum auch immer, aber irgendwo im gesellschaftlichen Raum ist die Frau ohne Mann doch eine, „die keinen abbekommen hat". Das kann bedauernd oder gehässig gedacht sein. Dieser spießige Fluch überlebt selbst in unseren modernen Zeiten. Als wäre der Ausweis von Gebärfähigkeit und Mann an meiner Seite erst das weibliche Reifezeugnis. Zum „Single" gibt es das „Double" nur bei den englischen Hotelzimmern, sonst heißt es „couple" und zum „allein stehend" gibt es kein entsprechendes „zu zweit stehend". Das Stigma klingt irgendwo in den Ohren. Trotz Aufklärung, Feminismus und Selbstbewusstsein und

21. Jahrhundert. Das aber nur nebenbei. Ich kann natürlich aufgeklärt versuchen, es zu ignorieren und tatsächlich in dem Status des Ungebundenseins sehr souverän erscheinen.

Ich laufe also allein durch die Welt und versuche das so leichtsinnig und verantwortungsbewusst wie nötig zu tun. Also: Ich arbeite freischaffend, aber nicht bis zur Bewusstlosigkeit. Ich pflege Freundschaften, aber nicht um jeden altruistischen Preis. Ich amüsiere mich, ohne zu vergessen, wie ernst alles ist. Ich mache, was mir gefällt, auch allein, wenn es niemandem gefällt. Ich drehe meine Runden im Park und gehe zum Yoga. Ich bin hilfreich, wo ich kann, darf oder soll. Nur wenn ich jemanden brauche, muss ich jedes Mal wieder überlegen, wer für mich da ist. Ich treffe so viele Entscheidungen allein, in meiner selbständigen Arbeit und in jeder anderen Hinsicht, dass ich manchmal schon deprimiert bin, wieder etwas mit mir ausgemacht, entschieden zu haben. Das können ganz alltägliche, belanglose Fragen sein. Ich habe einfach permanent die Wahl.

Wahrscheinlich bin ich etwas empfindlich und vermeide es, mich irgendwie aufzudrängen, irgendwo einzudringen, etwas einzufordern, wenn ich es im Zweifelsfall auch allein klären kann. Soviel Autonomie kann abschreckend wirken.

Es gibt Tage, selten, aber es kommt vor, da habe ich keine Nerven, einfach nur eine Nummer zu wählen, irgendwo anzurufen, mich anzubieten, einen Vorschlag zu machen, Beziehungen zu pflegen. Dann bleibe ich einfach stumm, vom Aufstehen bis zum Schlafengehen. Ob das schon so eine Macke ist, die das Zu-zweit-Sein auch nicht mehr einfach machen würde?

Manchmal habe ich Angst, dass ich zu sehr eingerichtet bin mit mir selbst. Ich weiß immer, wo es langgeht. Ich warte nur auf mich, wenn ich los muss. Ich packe meine Sachen und entscheide, wo ich hin will. Ohne Rücksprache, ohne Fragen, ob und wie es einem anderen gefällt. Wenn ich dann sehe, wie schnell jemand schlampig ist, wie wenig sich jemand anstrengt und wenigstens für sich selbst verantwortlich ist, oder wie sehr sich einer in Arbeit und Ehrgeiz vergräbt und bedauert, dass die Welt sein Genius verkennt, fühle ich mich in meiner prospektiven Zuneigung gleich nachhaltig verstört. Proportional zu meiner zunehmenden Schrulligkeit besitzen wohl auch die verfügbaren Männer immer mehr ausgeprägte Eigenheiten.

Natürlich suche ich Liebe. Zu-zweit-Sein, Mann und Frau, Kinder zu bekommen und eine Familie zu haben, erscheint mir bis heute als die natürlichste Sache der Welt. Aber Liebe muss es schon sein. Die kommt leider nicht, wenn man sie braucht oder sucht. Ich will sie nicht erzwingen. So frei, wie ich für mich bin, so frei soll auch das Gefühl, die Entscheidung für einen Mann sein.

Sehnsucht allein ist kein Grund, sich zu binden. Das reicht für eine Affäre. Und die möchte ich dann kontrollieren. Das heißt, wenn die Lust mal schneller kommt als die Liebe, gebe ich mich hin, aber nicht die Seele. Der Mann lernt mich dann exklusiv und nur zum Rendezvous kennen, mehr Zuneigung oder Teilhabe gibt es nicht. Ich muss so unsentimental sein aus Selbstschutz. Wenn Sex nicht Liebe ist, dann will ich auf dieser Basis auch keine Freundschaft simulieren, keine Hoffnung, keine Camouflage-Beziehung. Dann ist das Spielfeld klar und alles andere eben das reine Vergnügen. Das klingt theoretisch ganz gut, ist in der Praxis natürlich viel komplizierter. Deshalb vermeide ich dieses Affären-Modell lieber, aber es gelingt nicht immer.

Meine Einstellung zur Solistenzeit ist meistens pragmatisch. So ist es. Na und. Es gibt nur eine Situation, die mich schmerzhaft Einsamkeit spüren lässt. Das ist die Rückkehr. Von einer Reise, in den Engadin, nach Cornwell oder nach Israel. Oder auch aus dem Frankfurter Büro, nach eins, zwei

Tagen. Wenn mich diese Auszeit, das Wegsein als Ausnahmezeit, wieder vor die Tür stellt, ich in die kalte Wohnung komme, aufgeräumt, aber leicht angestaubt, keine Spuren von Leben während meiner Abwesenheit, und ich ganz erschöpft bin von der Fülle an Erlebtem, Gedachtem, Gefühltem. Ohne Gegenüber. Nur die stillen Wände. Das sind Momente, in denen Tränen kommen. Dann trinke ich allein ein Glas Wein, rauche eine Zigarette – bis ich bewusstlos einschlafe. Am Morgen danach bin ich wieder bei mir, kann ich Freunde anrufen, mich verabreden zum Erzählen, bin ich wieder im Hier und Jetzt, vertraut mit dem, was Alltag ist.

Ich kann sicherlich ganz gut allein sein. Vielleicht hatte ich selbst in den vergangenen Beziehungen immer das Gefühl, innerlich allein zu sein. Die Gegenwart des anderen wärmt, hält fest, teilt mit mir das Leben, aber ändert wenig an der inneren Verlorenheit, die ich, seit ich denke, kenne. Mit sechzehn, noch vor dem ersten Verliebtsein, hatte ich in den Tagebüchern von Simone de Beauvoir gelesen und fett unterstrichen. „Ich bin allein, jeder ist allein. Ich werde immer allein sein." Dieses Paradigma habe ich nie vergessen, auch nicht in einer Partnerschaft. Trotzdem habe ich in den glücklichen Momenten des Zu-zweit-Seins bewusst das Gefühl geliebt, dass der andere bei mir ist, mit mir, für mich. Einfach da. Vertraut und nah. Vielleicht auch schützt und trägt. Oder versteht und zuhört. Wie ich umgekehrt. Als Solistin ist keiner einfach für mich da. Jeder Anruf hat einen Grund, ein Anliegen. Viele Freunde, Freundinnen sind zu zweit. Sie leben als Paare, inzwischen auch als Familien und haben andere Alltage als ich. Es fehlt das beiläufige Gespräch. Über Banalitäten, Naheliegendes, Nebensächliches.

Die Frage, was ich einkaufen soll und was nicht, was es zu essen gibt, was man essen will, ist kein Thema für irgendeine Freundin. Entsprechend schlank komme ich in die Jahre. Essen hat für mich eine soziale Funktion. In Gesellschaft esse ich gern und köstlich. Aber für mich allein koche ich selten. Wenn, dann lade ich mir jemanden ein, wenn es mal wieder etwas selbst Gekochtes geben soll. Oft bleibt die Küche kalt, gibt es ein Käsebrot, einen Apfel, einen Kaffee. Lauter Sachen, die ich gern mag. Aber eben selten als Mahlzeit für mich allein am Tisch. Den Milchkaffee gibt es zur Zeitung, das Käsebrot zur Recherche am Schreibtisch. Wenn ich viel gearbeitet habe und mich belohnen will, sitze ich auch mal allein bei meinem Lieblings-Italiener. Aber lieber esse ich eben doch mit anderen.

Allein gehe ich auch ins Kino, wenn ich den Film sehen will. Der Aufwand, herumzutelefonieren und jemanden zu suchen, der mich begleitet, ist für so ein spontanes Bedürfnis zu groß und zu unfruchtbar. Die meisten Freunde in Partnerschaften sind kaum noch spontan für irgendetwas zu haben. Wenn Kinder da sind, erst recht nicht. Manchmal könnte ja auch jemand mich fragen, ob ich etwas unternehmen mag. Aber das machen die, die zu zweit sind, selten. Die Freundinnen wollen mich dann zum Reden, Zuhören treffen. Das ist auch gut. Aber braucht eben Zeit. Die fehlt oft selbst den besten Freundinnen, zwischen Arbeit, Familie und dem ganz normalen Chaos. Manchmal mir. Weil ich dann einfach nicht wissen mag, wie das Leben zu zweit, dritt läuft, sondern lieber gemeinsam etwas erleben möchte.

Ich weiß, dass mich viele Menschen gern haben. Ich bin ebenso froh über wunderbare Freunde und Menschen, die ich kennen darf. Aber das ändert nichts daran, dass ich mir so unfertig vorkomme, so ewig unterwegs und ich weiß immer noch nicht, wohin die Reise geht. Dass ich trotz der fortgeschrittenen Jahre in einem improvisierten Zustand lebe, der manchmal unerträglich scheint und dann doch wieder genau richtig. Ich bin nach der Trennung wieder in meine Studentenbude gezogen. Ein Zimmer, eine Küche mit Dusche, ein Außenklo. Dazu ein Balkon und große Fenster, die nur Himmel und Park zeigen. Das ist zu klein, das ist sehr günstig, aber das ist gerade richtig.

Ich empfinde es als extremen Luxus, seit einiger Zeit zum ersten Mal in meinem Leben ein eigenes Auto zu haben. Das braucht man nicht wirklich in der Großstadt, aber es ist so bequem. Bisher hatte immer der Freund ein Auto, das ich fahren konnte. Jetzt brauche ich also nicht einmal mehr einen Freund mit Auto, wenn ich irgendwohin fahren will. Ich bin auch da autonom. Aber, wie viel sinnvoller wäre es, ein Auto zu zweit zu haben. Mir scheint auch die Drei-Raum-Wohnung zu zweit viel sinnvoller als allein. Aus irgendeinem Grund kann ich aus diesem Wunsch nach mehr Raum und Komfort, sprich einem Bad mit Badewanne, keine Priorität machen. Es schiene mir so etabliert, zementiert. Je mehr man hat, desto unbeweglicher wird man. Was wäre, wenn ich plötzlich zu zweit sein könnte und wir beide unsere vollen Drei-Zimmer-Wohnungen zusammenführen wollten. Auf diese Form der Immobilie, Immobilität konnte ich bisher keinen Wert legen. Mein minimalistisches, aber malerisches Zuhause scheint mir die rechte Form für den Übergang zu sein. Wenn es irgendwann mal zu zweit weiterginge, dann möchte ich zu zweit anfangen zu überlegen, was wie sein soll. Dann wären ein Sofa, ein Esstisch, eine Bibliothek ein schönes gemeinsames Problem. Für mich, allein, brauche ich nicht mehr. Da kann ich gut leben in dieser Reduziertheit. Ich habe das Gefühl, ich könnte auch gehen und hätte immer noch einen Koffer in Berlin. Ich will mich im Alleinsein nicht so einrichten, dass nur noch ein Mensch auf der Sofahälfte fehlt. Das bedeutet mir nichts. Dieser fertige Rahmen. Ich fürchte inzwischen viel mehr, dass der Mann, der mich als Nächstes ins Herz trifft, sich schon genauso eingerichtet hat. Bis dahin ist sicherlich noch etwas Zeit. Und wenn es zu lange dauert, wird mich mein Leben sicherlich so verändern und bewegen, dass alles anders sein wird als gedacht. Vielleicht revidiere ich schon morgen diese Gedanken. Nichts bleibt wie es ist.

Gerrit Joswig, freie Autorin, geboren 1970, auf jede Beziehung folgte ein längeres Solo. Wenn sie nicht zu viel arbeitet, sind Kino, Theater, Kunst und Konzerte die bevorzugte Art ihres Zeitvertreibs. Gern in Begleitung. Gern auch auf Reisen. Gern auch zu Besuch. Der Fernseher ist abgeschafft, damit mehr Platz für gute Bücher, gute Gespräche und gute Gesellschaft bleibt.

Kein Vollgas

Uli Prahlke

Zwei Zahnbürsten stecken im Halter über dem Waschbecken. Eine ist für Martin, meinen Kumpel, der auch grad Single ist. Wenn wir abends rumziehen, in die Kneipe oder zur Disco, bleibt er bei mir über Nacht. Er ist das ganze Gegenteil von mir. Attraktiv, wirkt auf andere, bekommt als Versicherungsvertreter von Frauen Telefonnummern zugesteckt. Martin gibt Gas. Oft will er mehr als die Frauen wollen.

Ich wohne allein im Prenzlauer Berg, ganz oben unterm Dach, fünf Treppen hoch, habe zwei große helle Zimmer. Im Wohnzimmer habe ich mir mein Fotostudio eingerichtet: ein riesiger schwarzer Fotoschirm und Scheinwerfer. Ich fotografiere gern. Porträts von Prominenten und Leuten von der Straße. Erst gehe ich auf die Suche, sehe mir Leute an, unterwegs, in der Straßenbahn, überall. Dann spreche ich sie an. Leute kennen zu lernen, ist für mich kein Problem. Mich interessiert, was andere machen und wie sie leben.

Drei Jahre ist es her, seit meine Freundin und ich uns getrennt haben. Acht Jahre lebten wir zusammen. Am Schluss stritten wir nur noch. Sie wollte gern ein Kind, ich nicht, noch nicht. Wegen des Geldes. Und aus Angst, dass es wieder so kommen könnte wie damals. Zwei Kinder habe ich schon mit zwei Frauen. Zwei „Unfälle." Gezeugt in zwei Sommernächten. Ralf ist einundzwanzig. Seine Mutter wollte das Kind, auch ohne Vater. Anfangs probierten wir es zu dritt. Gerade mal ein halbes Jahr ging das gut. Später zog sie mit dem Sohn und einem Kumpel von mir nach Süddeutschland. Der Kontakt riss ab. Heute ruft Ralf meist nur an, wenn er Geld braucht. Meine Tochter ist vierzehn. Ein Berliner Teenager in Turnschuhen und Kapuzenjacke. Wir sehen uns oft. Mit ihrer Mutter war ich auch nicht lang zusammen.

In einer Kleinstadt nahe Berlin wuchs ich auf, als drittes von vier Geschwistern. Mein Vater war eher verschlossen, mehr Respektsperson, ich hatte wenig Kontakt zu ihm. Meine Mutter war liebevoll und fürsorglich. Noch heute rufe ich sie an, wenn ich mal einen Rat brauche. In der DDR lernte ich Kraftfahrzeug-Mechaniker. Heute arbeite ich in einem Berliner Revue-Theater als Techniker. Wenn sich andere auf den Feierabend freuen, schwinge ich mich aufs Rad und fahre zur Arbeit. Schlecht für Kinoabende mit der Freundin oder Couchgeflüster vor dem Fernseher. Dafür habe ich bis zum frühen Nachmittag frei.

Jetzt bin ich Anfang vierzig, groß, schlank, sportlich. Nicht der Kerl mit der breiten Schulter zum Anlehnen. Auch kein Draufgänger, der coole Sprüche klopft. Ich bin eher ruhig, nicht so spontan, wachsam, fast misstrauisch. Ich beobachte genau, wer mir gegenüber sitzt. In Gedanken überlege ich oft, wie ich denjenigen fotografieren könnte: auf einem Sessel im Hinterhof, am Schreibtisch im Bademantel oder im Ballettkleid auf dem Schuttberg.

Ich vermisse meine Freundin. Manchmal weiß ich nicht mehr, warum sie seit drei Jahren fort ist. Dann kommt es mir vor, als müsste ich nur anrufen und sie wäre morgen wieder da. Manchmal wünsche ich mir das. Die Wohnung haben wir zusammen eingerichtet. Sie hatte die Ideen, ich baute. Ich saß gern mit ihr am Frühstückstisch, lange, auch ohne zu reden. Ich kochte, sie buk Plätzchen. Im Urlaub fuhren wir mit dem Wohnmobil quer durch Europa. Am Ende ging es nur noch ums Prinzip, um jeden Millimeter. Immer Streit, das hielt ich nicht mehr aus. Ich brauche Harmonie. Gab oft nach, weil ich merkte, dass die Wortgefechte nichts brachten. Der Streit verstummte, das Problem blieb.

Bis heute lebe ich allein. Einmal gab es eine Frau. Aber nicht für lange. Ich nehme mir für jeden Tag etwas vor, worauf ich mich freuen kann: mal was Neues machen, Leute kennen lernen und das besondere Fotomotiv finden, Aufträge für Zeitschriften erledigen, einen Fotokurs belegen, im Fitnessstudio trainieren, Rad fahren oder am Wasser spazieren gehen. Und ich treffe mich oft mit Martin.

Lebt man in der Beziehung, ist man sehr auf die Partnerin fixiert. Man vernachlässigt die Freunde, wählt sie so aus, dass sie zum Paar passen. Seit ich wieder Single bin, besuche ich wieder meine alten Freunde. Sie hören mir zu, werfen mir nicht vor, dass ich lange nicht da war. Auch wenn es mir schlecht geht und ich durchhänge – nur an wenigen Tagen gibt es das nicht – suche ich mir Freunde zum Reden. Es wird nicht besser, wenn ich mich abschotte. Andere ziehen sich zurück, ich suche den Kontakt. Man muss Mut haben und sich trauen etwas zu machen. Ich bin offen für Neues.

Wenn man erst überlegen muss, ob es mit einer Frau etwas sein könnte oder nicht, ist sie nicht die Richtige für mich. „Eine Geliebte wählt man nicht, sie bricht über einen herein", so Claude Anet. Ich suche nicht gezielt, hoffe eher darauf, dass sie zufällig vor mir steht. Ein bisschen helfe ich nach. Halte meine Augen offen, bin viel unterwegs. Spreche Leute an, die mich interessieren, fotografiere viel.

Prostituierte haben keinen Reiz für mich. Da gibt es anderes. Wenn es mir nicht gut geht, habe ich keine Augen für Frauen. Wenn ich wieder fit bin, viel geschlafen habe, ist das anders. Dann spielen die Hormone verrückt. Die Straßenbahn beginnt sich zu drehen, Frauen sind wieder Wesen, die mich verführen und die ich verführen will. Die mir den Puls in die Höhe treiben.

Vor 14 Jahren passierte es. Ein Jahr hatte ich mit einer Frau zusammengewohnt, einer Französin. Dann war es vorbei. Sie will nicht mehr mit Dir zusammensein, sagten Freunde. Schreiend lief ich von der Party weg. Draußen stürmte es. Die Wolken hingen tief. Weltuntergangshimmel. Rechts und links am Straßenrand frisch gestutzte Bäume. Nach Hause laufen wollte ich, von Strausberg bis Prenzlauer Berg. Sie feierte weiter, wollte nicht mit mir sprechen. Freunde holten mich zurück. Noch heute sehe ich mich über das Kopfsteinpflaster laufen. Spüre den Schmerz und die Wut von damals, Ohnmacht und verletzte Liebe. Es ist lange her. Mein Vertrauen in Beziehungen ging damals verloren, irgendwo zwischen Strausberg und Berlin.

Ich zog die Notbremse. So abhängig wollte ich nie wieder sein. Abhängigkeit macht verletzlich. Auf jeden Fall will ich eigenständig bleiben. Eine Frau soll nicht der Mittelpunkt sein in meinem Leben. (Ist sie aber doch, wenn sie da ist!) Ich nehme den Fuß vom Gas, schalte einen Gang runter, wenn ich mehr für eine Frau empfinde, als ich kontrollieren kann. Das Gefühl sollte bei beiden gleich stark sein. Bevor ich einen Schritt mache, warte ich ab, was die Frau tut. Ich würde auch nicht einfach so wegen einer Frau in eine andere Stadt ziehen. Auf jeden Fall müsste ich dort Arbeit haben. Arbeit und Beziehung sind gleich wichtig. In einer Beziehung sollten beide selbstständig sein, jeder sein Ding machen, den eigenen Interessen nachgehen und vor allem: nicht klammern.

Manchmal passiert etwas, womit ich nicht rechne. Eine alte Freundin meldet sich, in die ich mal verliebt war, die aber nichts von mir wissen wollte. Ich freue mich, verdränge es aber wieder, lasse es auf sich beruhen. Was abgeschlossen ist, soll man nicht aufwärmen. Lieber was Neues anfangen. Über die Feiertage habe ich eine Frau kennen gelernt. Sie saß im Pergamonmuseum auf den Stufen. Ich fragte sie, ob ich mich dazu setzen dürfe. Die Frau erinnerte mich an ein Mädchen von früher. Eine Holländerin, der ich in der DDR nur auf Umwegen schreiben konnte, weil Westkontakt für mich als NVA-Soldaten an der Grenze tabu war. Die Frau auf den Stufen kommt auch aus Holland. Jetzt sehen wir uns alle zwei Tage, gehen viel spazieren. Ich warte erst mal ab. Trete ab und zu auf das Bremspedal. Silvester gehe ich mit Martin zur Party. Nicht mit ihr. Sie feiert mit ihrer Schwester. Ich will mich nicht aufdrängen. Kein Vollgas geben.

Uli Prahlke, Techniker, geboren 1963, neugieriger fantasiefähiger, sensibler, bewegungssüchtiger Fotograf im Nebenjob aus Berlin, zwei fast große Kinder.

Eine fortschrittliche Frau mittleren Alters
kann keine Macht der Welt im Zaume halten!

Es singelt so vor sich hin

Sabine Hoffmann

Single – klingt das nach einem Schimpfwort oder schwingt da schon grenzenloses Mitleid mit? Wenn ich mein Dasein beschreiben würde, dann sicher nicht mit der Bezeichnung „Single". Eher mit „allein lebend".

Ich lebe allein mit meiner Tochter, schon immer. Also bin ich gar nicht so allein. Wo fängt Single an und wo hört Single auf? Erkennt man ihn an der Größe des Bettes, den Stühlen am Küchentisch oder vielleicht am Bankkonto?

Er ist wohl erkennbar an den Satzanfängen: *Ich.*

Es fehlt das *Wir.*

Nun gut, dann bin ich Single. Aber – *Ich* betone – das ist so gewollt. Oder trotzloser (nicht trostloser!) gesagt, ich kann nicht anders. Ich leide nicht unter dem Zustand. Noch nicht. Das kann sich ändern, wenn meine Tochter endgültig aus der Wohnung gezogen ist. Da bin ich Realist. Vielleicht fange ich dann an, Selbstgespräche zu führen oder in der dritten Person zu sprechen. Man kann nie wissen. Die Gefahr besteht schon.

Als ich mit sieben Jahren bei einer Schuluntersuchung gefragt wurde, ob ich später heiraten und Kinder bekommen möchte, habe ich laut *Ja* gesagt. Leider meinte die Schulärztin, dass ich mit den Segelohren *Nie* einen Mann bekäme. Tränen flossen über mein Gesicht. Aber diese nette

Schulärztin hatte einen Rat. Ich könne die Ohren operieren lassen. Ich lief nach Hause und erzählte heulend meiner Mutter von meinen Zukunftsängsten. Leider konnte mir meine Mutter diese Ängste nicht ausreden und so wurden mir im zarten Alter von sieben Jahren die Ohren „angelegt". Einen Ehemann habe ich trotzdem nicht. Es kann also nicht nur an den Ohren liegen.

Wahrscheinlich habe ich schon in den zwei Wochen Krankenhaus den Verdacht gehegt, dass solche Strapazen und Schmerzen nicht das Glück bringen, das man sich einbildet, zu erlangen, wenn man heiratet und Kinder bekommt. Als ich aus dem Krankenhaus entlassen wurde (mit Kopfverband), durfte ich mir etwas im Spielzeugladen aussuchen. Ich wählte eine Dampfwalze zum Aufziehen aus. Mir war nicht nach Plüschtieren und nach Puppen sowieso nicht.

In meinem Freundeskreis finden sich alle Nuancen des menschlichen Miteinanders, jahrelange Beziehungen oder Ehen, ständig wechselnde Partnerschaften oder allein Lebende, männlich und weiblich. Wenn sich zwei trennen, die lange zusammen waren, leide ich mit beiden. Da ist mir das zerbrochene Wir-Gefühl sehr nah. Die Trennungen schrecken mich nicht ab, mir fehlt einfach der Drang, Tisch, Bett und Zeit mit jemandem dauerhaft zu teilen. Die Betonung liegt auf dauerhaft, teilen kann ich ganz gut. Ich weiß einfach nicht, warum man mit einem Menschen zusammenleben muss.

Einmal hatte ich auch dieses *Wir*-Gefühl für einen Augenblick. Das kam so plötzlich und unerwartet, dass es mich richtig erwischte. Ich stand mit einem Mann (in den ich auch ziemlich verliebt war) in meiner kleinen Küche und wir kochten zusammen. Und auf einmal wurde ich so übermannt von dieser Harmonie, von dieser Leichtigkeit, etwas gemeinsam zu machen, dass ich gar nicht wusste, wohin mit meinen Gefühlen. Ach, das war wirklich schön. Ich denke oft an diesen Augenblick, aber nicht mit Wehmut, sondern eher mit Erstaunen, dass mir tatsächlich so etwas passiert ist. Aus heiterem Himmel. Und dann lächle ich und koche was. Auch für mich ganz allein.

Und ich weiß jetzt, warum es Paare gibt, die zusammenbleiben, obwohl es gar nicht mehr geht. Ich glaube, man hängt dann an solchen Augenblicken und hofft so sehr darauf, dass es doch noch mal passiert.

Meine erste richtige große Liebe ging, weil er glaubte, mich nicht glücklich machen zu können. Da nützte alles Reden nichts, dass ich doch glücklicher nicht sein könne. Er sah das anders. Und er ging. Und ich liebte ihn noch mehr dafür, dass er mir nicht wie eine Klette am Rockzipfel hing und keine Bernhardiner-Augen machte und den Nestbau plante. Er konnte erst nach seiner Ausreise aus der DDR Biologie studieren und ging später in die Südsee und nach Australien, um dort einheimischen Vögeln das Überleben zu sichern. Er hatte eine österreichische Freundin, die ihn Bussi nannte und die dann mit ihm nach Tonga ging. Ich wäre auch nach Tonga gegangen, aber Bussi hätte ich ihn nie genannt! Heute würde ich nicht mal nach Tonga mitgehen. Oder vielleicht doch?

Was ich damals an meinem Freund so toll fand, war seine vollkommene Selbstständigkeit. Er wollte niemanden „belasten", ließ aber auch nicht zu, dass ihn jemand „belastet".

Das muss man erst mal für sich klar bekommen. Man übernimmt für sein eigenes Leben Verantwortung, lässt sich auf eine Mitverantwortung, auf einen anderen Menschen aber nicht ein. Man könnte auch sagen, dass man sich gewissermaßen vor der „Mit"-Verantwortung drückt. Letztlich mache ich das auch so. Die Ausnahme bildet meine Tochter. Natürlich trage ich da Verantwortung. Aber sie soll keine Verantwortung für mich tragen. Das lehne ich ab.

Mit den Männern ist es auch so. Was mich sofort den Rückzug antreten lässt, ist, wenn ein Mann die Aufgaben „für immer" verteilen will, nach dem Motto, ich bringe immer das Regal an und du gehst immer einkaufen. Ich möchte nicht, dass mir jemand Sachen abnimmt, die ich selbst kann, sodass am Ende Fähigkeiten, die ich habe, bei mir verkümmern. Auf meine Selbstständigkeit lege ich großen Wert. Natürlich bin ich auch konfliktscheu. In einer Beziehung muss ständig verhandelt werden oder es wird die Unterordnung klar geregelt: Wer ist der Entscheider? Als Single geht man dem ganz einfach aus dem Weg. Und die Entscheider-Frage ist klar geregelt.

Meine Mutter war auch allein erziehend und hat meiner Schwester und mir vorgelebt, wie man „alleine" durchs Leben kommt. Als ich mit fünfundzwanzig Jahren schwanger wurde und es meiner Mutter sagte, kam nur ihre Gegenfrage: „Aber heiraten tust du doch nicht?" Das sagt ja einiges über meine Mutter. Meine Schwester war da schon das zweite Mal verheiratet. Das sagt einiges über meine Schwester.

Heiraten wollte ich nicht, aber ich hätte gern das Zusammenleben ausprobiert. In einer gemeinsamen Wohnung. Mann, Frau, Kind. Aber er wollte nicht. Ein Glück, sage ich heute. So ist uns die Gemeinsamkeit geblieben, die schon vor dem Kind da war. Wir haben sozusagen Sicherheitsabstand gewahrt und waren uns trotzdem nah. Mal mehr, mal weniger. Auf beiden Seiten. Wir wissen beide, dass man sich im Notfall auf den anderen verlassen kann. Wir würden es nur nicht ausnutzen. Immer schön selbstständig bleiben, das ist die Devise.

Warum bin ich so und nicht eine treusorgende Ehefrau mit vier Kindern? Vielleicht, weil meine Mutter auch allein erziehend war? Vielleicht, weil ich nicht auf den „Richtigen" getroffen bin? Vielleicht, weil ich bisher immer in der Lage war, mein Leben allein zu finanzieren und zu regeln? Vielleicht, weil ich bisher auf Hilfe nicht angewiesen war? Ich weiß es nicht. Es ist wohl an jeder Frage etwas Wahres dran. Vielleicht auch, weil ich Glücklichsein nicht mit Zweisamkeit gleichsetze. Die Sehnsucht nach Glück habe ich auch nicht. Ich genieße Augenblicke, auch allein. Natürlich ist ein gemeinsamer Urlaub etwas Schönes. Nur habe ich es bisher nicht als „schön" erlebt. Es war ständig ein Kampf, wann man was macht, wie man es macht und so weiter. Es war purer Stress. Wenn ich allein reiste, lernte ich neue Leute kennen, sah viel und kam erholt und voller Eindrücke zu Hause wieder an. Vielleicht ändert sich das ja noch im Alter.

Wenn ich an mein „Altersdasein" denke, sind das etwas konfuse Vorstellungen. Seit Jahren rede ich mit einer langjährigen Freundin (auch Single) darüber, dass wir später gemeinsam in einem Haus wohnen und Zivildienstleistende tyrannisieren. Natürlich wohnt jeder in getrennten Etagen! Wir sind sehr verschieden und die zwei Etagen schon sehr klug angedacht. Das gemeinsame Essen wäre die Schnittstelle und würde auch klappen, weil meine Freundin nicht kochen kann und bisher alles ohne Murren gegessen hat, was ich ihr vorsetzte.

Im Alter allein zu leben, ist sogar für mich eine sehr gruselige Vorstellung. Habe ich deshalb die Tendenz, von einem frühen Tod zu reden? Wahrscheinlich. Der Tod ängstigt mich nicht, sondern macht mich eher neugierig. Ich möchte schon gerne wissen, was da kommt. Dass was kommt, steht außer Frage.

Auf keinen Fall möchte ich, dass meine Tochter mich betreuen oder finanziell unterstützen muss. Später mit Freunden zusammenzuziehen, ist eine Möglichkeit. Sogar Altersheim wäre drin. Da wäre ich ja alleine, hätte meine regelmäßigen Mahlzeiten. Das Alter ist sowieso nichts für Feiglinge. Nicht mal was für Singles.

Sabine Hoffmann, Verlagsfachwirtin und Diplom-Landwirtin, geboren 1962, teilt Tisch und Fernseher mit neunzehnjähriger Tochter, Bett mit deren Vater, hält Reibungsverluste so gering wie möglich, hat immer noch kein Handy und kein Auto, trifft sich regelmäßig beim Stammtisch mit zwanzig Frauen: aller Couleur.

Und als sie konnten nicht mehr so
von wegen hohem Alter,
macht seine Sprüche Salomo
und David seinen Psalter.

Matthias Claudius

Glanz und Elend

Rudolf Weckerling

Von Singles aus Berufung bin ich von Kind auf umgeben und verwöhnt. Zum Beispiel Berufung als Diakonisse oder aus „Schicksal", weil im Ersten Weltkrieg so viele Männer dem großen Morden erlagen. In einem Pfarrhaus im Rheingau, mit Blick auf den Fluss, wo er am breitesten ist, wuchs ich als Jüngster von sechs Geschwistern auf und erlebte viele ledige Frauen, die „Gehäuchnis" suchten und fanden. Dieser nassauische Ausdruck bedeutet so viel wie Unterschlupf, Betreuung, Schutz oder Trost und kommt vielleicht von „hegen". „Suchste Gehäuchnis?" Geborgenheit, die eine Art Ur-Vertrauen vermittelt.

In der Jugendbewegung, im Studium, als „Illegaler" der Bekennenden Kirche, als Soldat wider Willen entwickelte ich meine eigene Form von Single-Dasein und fand es in allen Phasen spannend und herausfordernd. Single – das heißt: ledig oder unverheiratet – arme deutsche Sprache, die keinen eigenen, positiven Ausdruck zur Verfügung stellt. „Single life" kann im Englischen dagegen auch „to live in a state of blessedness" bedeuten, also: „in einem gesegneten Stande leben."

So habe ich auch viel vom Glanz und von der Freiheit selbstbestimmten Lebens erfahren und wenig vom Elend des Daseins ohne feste Partnerschaft, das für viele unerträglich ist. Es gibt ja doch mannigfache Formen des Lebens, die uns befreien von Isolation, Einsamkeit, Beziehungslosigkeit. Jede und jeder hat Chancen, im Stand des „Mutter-seelen-allein-Seins" Mit-Menschen, Freunde, Genossen, Kollegen, Kameraden, Nachbarn, Interessen-Teilende zu entdecken, die dafür sorgen, dass einem nicht so leicht das „Und wo bleibe *Ich*?" über die Lippen kommt oder die Decke auf den Kopf fällt.

Freilich war für mich der Ledigen-Stand nie eine zölibatäre Entscheidung. Da war ja auch die Sehnsucht nach ehelicher Partnerschaft und Familie – trotz völlig ungesicherter Existenz in jenen Tagen des „Dritten Reichs" mit Krieg und Shoa. Und so kam es, dass ich ein „Gegenüber" fand, Helga genannt, und wir bei meinem ersten Urlaub von der Ostfront am 9. Januar 1943 in der Berlin-Dahlemer St.-Annen-Kirche getraut wurden – und damit rechneten, dass der baldige Tod wahrscheinlicher sei als ein Überleben und Zusammenleben im Frieden. Doch unsere Zweisamkeit, durch zwei Kinder und viele Enkel gesegnet, endete erst nach unserer Goldenen Hochzeit. Bereits im 13. Jahr als Witwer versuche ich ein neues Single-Sein zu entwickeln.

Ganz verlernt und aufgegeben hatten wir in einem halben Jahrhundert unsere Eigenständigkeit und Selbstverantwortung nie. Die ersten zweieinhalb Jahre führten wir im Wesentlichen eine Brief-Ehe. Helga durfte – nach kurzer Dienstverpflichtung im Kriegsbetrieb – als Pfarrerin der Bekennenden Kirche wirken und Kopf und Kragen in der illegalen Judenhilfe riskieren. Als Fernsprecher an der Ostfront konnte ich nachts manchmal über viele Vermittlungen ein Lebenszeichen geben. Nach meiner sehr kurzen Kriegsgefangenschaft konnten wir schon ab Ende Juni

1945 in Berlin-Spandau „Glanz und Elend" der Ehe erproben, nachdem wir beide von Martin Albertz als Pfarrer in der Melanchthongemeinde eingeführt worden waren. Aber auch dann gab es durch längere Reisen Helgas in die USA und die Sowjetunion und durch meine Dienste in Liberia, Kenia und Nigeria, die sich zweimal auf ein Jahr erstreckten, Gelegenheiten genug, getrennt zu leben und das Single-Sein teilweise zu reaktivieren. Dies jedoch mit ständiger Verbindung, die es mit irdischen Kommunikationsmitteln seit dem 23. August 1993 nicht mehr gibt.

Zuerst dachte ich, ich müsse, schon um nicht unsozial zu erscheinen, unsere geräumige Wohnung aufgeben. Doch ein guter Freund überzeugte mich zu bleiben. Viele Menschen aus den gemeinsamen Stationen unseres Lebens ließen bei mir nie das Gefühl des Verlassenseins und der Vereinsamung aufkommen. So führte ich meinen Beruf nach meiner Emeritierung einfach weiter im Sinne von Bischof Gottfried Forcks Satz: „Es gibt keine Rentner im Glauben" und nach Bischof Kurt Scharfs Vorbild: „i. R." bedeutet nicht nur „im Ruhestand", sondern auch „in Rufweite". Meine Tage waren erfüllt mit Besuchen bei Kranken und Sterbenden, mit Gesprächen und viel Korrespondenz, mit der „Aktion Sühnezeichen/Friedensdienste", mit dem Jüdisch-Christlichen Gespräch und der Gestaltung von Jüdisch-Christlichen Begegnungsgottesdiensten und vielen Gemeindegottesdiensten, Taufen, Trauungen, Beerdigungen und anderen Diensten. Dazu kam auch die Familie und die Freude, am Gedeihen der Enkel teilnehmen zu dürfen und vieles, vieles andere.

Abgesehen von einer Raumpflegerin, die alle paar Wochen kommt, versorge ich mich in meinem Haushalt selbst, was mich zunächst die Leistung der Hausfrauen noch viel höher einschätzen ließ. Ich entwickelte mich aber auch zu einem Hausmann, der – mehr schlecht als recht – einkauft, kocht, Wäsche macht, Gäste verköstigt und beherbergt, sodass ich voll im Leben stehe.

Dieses kostbare Gut zu erhalten und zu verteidigen gegen wohlmeinende Sorge gelingt vorläufig noch. Ich fand im Buch Jesus Sirach in den alttestamentlichen Apokryphen, Kapitel 33, 20–24 die „Magna Charta" für das Single-Sein von Seniorinnen und Senioren, die für eine leidliche Gesundheit zu danken haben. Da steht: „Lass den Sohn, die Frau, den Bruder, den Freund nicht über dich verfügen, solange du lebst; und übergib niemand dein Hab und Gut, damit es dich nicht reut und du sie darum bitten musst. Solange du lebst und atmen kannst, überlasse deinen Platz keinem andern Menschen … Bei allem, was du tust, behalte die Entscheidung in der Hand, und lass dir nicht deine Ehre nehmen. Wenn dein Ende kommt, dass du davon musst, dann teile dein Erbe aus."

Diese stärkenden Worte haben mich nicht gehindert, meinen Namen auf eine Warteliste in einem Wohn- und Pflege-Heim zu setzen – freilich in der „Stillen Hoffnung" – so hieß unser Bunker im Osten –, keinen Gebrauch davon machen zu müssen.

Die Frage, die einem Alt-Single immer intensiver und besorgter gestellt wird – „Wie geht's Ihnen denn?" –, pflege ich mit der Gegenfrage zu beantworten: „Was genau wollen Sie denn wissen?" Dann kommt es oft zu interessanten Gesprächen, zu einem wirklichen Austausch.

Nach der Last der Jugend erfahre ich die Lust des Alters und finde auch gut, was Matthias Claudius (1740 bis 1815) selbstironisch gereimt hat über das Älterwerden und Altsein: „Und als sie konnten nicht mehr so von wegen hohem Alter, macht seine Sprüche Salomo und David seinen Psalter."

Es ist ein unschätzbar großes Geschenk, sich auf das Eine und Notwendige zu konzentrieren und gleichzeitig an der Frage nach Gottes Weltregiment im Wandel der Zeiten teilzunehmen und sich nicht immunisieren zu lassen gegen das unsägliche Leiden von Menschen und allen Geschöpfen. Es zählen nicht nur die Jahre unseres Lebens, sondern auch *das Leben* in diesen uns zugeteilten Jahren.

Rudolf Weckerling, Pfarrer der Bekennenden Kirche (BK), geboren 1911. Begegnete als Austauschstudent 1933/34 in London Dietrich Bonhoeffer. Im Dezember 1938 mit allen Pfarrern der BK aus Hessen ausgewiesen. Berlin, Mai 1940 „Rede- und Betätigungsverbot" für das gesamte Reichsgebiet. Nach dem Krieg Pfarrer in Berlin-Spandau, Studentenpfarrer an der TU. Austauschpfarrer im Libanon, Provinzialpfarrer im Ökumenisch-Missionarischen Institut, Gemeindepfarrer in Neukölln. Nach Emeritierung Vakanzvertretungen in Kenia und Nigeria. Seitdem ehrenamtlich tätig für die Jüdisch-Christliche Begegnung, Aktion Sühne-Zeichen/Friedensdienste, Seelsorge und als „Zeitzeuge". Seit 13 Jahren Witwer, gründete zur Erinnerung an seine Frau die Helga-Weckerling-Stiftung.

Der Mensch wird am Du zum Ich.

Martin Buber

Treffpunkt besonderer Art

Hanna-Renate Laurien

Statistisch bin ich ein Single, ein allein stehender Mensch, aber mein Lebensgefühl ist alles andere als „allein stehend".

Eine kleine Szene aus den siebziger Jahren im Landtag in Mainz. Wahlkampfzeit. Ich spreche über irgend etwas. Zwischenruf eines hoch geschätzten und gebildeten SPD-Abgeordneten: „Nach dem Junggesellen Bernhard Vogel und der Junggesellin Hanna-Renate Laurien wollen wir endlich einen Kultusminister mit Kindern!" Die SPD hatte eine verheiratete, aber auch kinderlose Professorin für das Amt vorgesehen. Dem Verstand folgend hätte ich sagen müssen: „Wie bitte, Ihre Kandidatin ist doch auch kinderlos!" Nein, ich höre mich sagen: „Lieber Herr Lelbach, lesen Sie doch in der Bibel, in Galater und in den Psalmen nach: Die Kinder derer im Geiste sind zahlreicher als die derer im Fleische!" Das war und ist meine Lebenswirklichkeit.

Ich weiß, dass Singles nur auf Pension rechnen können, wenn es die Kinder derer im Fleische gibt, aber mir geht es ums Sprengen der Ich-Bezogenheit, um die Öffnung zum Du und zum Wir.

Ehe ich den Weg dazu und die Wirklichkeit heute darstelle, will ich ein wenig sprachlich spotten: Im Englischen

65

ist ein „Single ticket" eine Karte nur für die Hinfahrt, also ohne ein Zurück. Das ist auch mein „Single Ticket". Und „Single minded" ist ein Mensch, der sich selbstlos *einer* Sache zuwendet. Hinter das „selbstlos" setze ich zwar durchaus ein Fragezeichen, aber die volle Zuwendung, das ist meine Sache.

Ich muss nun ein paar biographische Bemerkungen machen, weil sonst das Ja zum erfüllten Leben eines statistischen Singles kaum verständlich wird. Allerdings – im Letzten bleibt es ein Geheimnis, ein Geschenk.

Ich verlobte mich als zwanzigjährige Berliner Studentin mit einem Studenten, während wir aus Protest zur Uni im Ost-Sektor der Stadt, die ab 1949 Humboldt-Universität hieß, die Freie Universität gründeten. Trotz zeitraubenden Jobbens studierte ich intensiv: Deutsch, Englisch, Philosophie. Hinreißende Kollegs bei Josef Pieper über Thomas von Aquin, Promotionsarbeit über das frühe Mittelalter beim anspruchsvoll-großartigen Doktorvater Helmut de Boor erschlossen mir geistige Maßstäbe. Ich entdeckte die katholische geistige Welt, und ich erkannte: Der Verlobte war der falsche Mann. Er beschwor mich: „Du kannst katholisch werden, wie du es willst, nur bleibe bei mir." Ich blieb nicht und wurde – Glück meines Lebens – 1952 in Bonn katholisch. Aber heiraten wollte ich durchaus noch. Eine zweite Verlobung endete nach einem Jahr dramatisch. In einem nächtlichen Telefongespräch – er war meinetwegen wieder in die Kirche eingetreten – sagte er eine gute Woche vor der Hochzeit: „Wenn ich dich erst habe, trete ich aus deiner Scheißkirche wieder aus." Ich fuhr am nächsten Morgen zu ihm. Fazit: Ich trennte mich. Das Brautkleid ließ sich leicht in ein Kostüm umtauschen, beim Geschenk der Schülerinnen der Bonner Liebfrauenschule war das schwieriger.

Ich ging dann vom kirchlichen in den öffentlichen Schuldienst. Nach einem Jahr begeisterter Unterrichtstätigkeit in

Düsseldorf versetzte mich die Behörde 1958 – ich hatte den bedeutenden Dienstrang einer Studienassessorin – in das Provinzialschulkollegium, wo ich als „wissenschaftliche Hilfsarbeiterin" Oberschulräten zuzuarbeiten hatte, als Fremdprüfer in Abituren eingesetzt wurde und Verwaltung lernte.

Nach einem Jahr holte mich der Kultusminister Werner Schütz (CDU) ins „Kultus" und erklärte: „Die muntre Krabbe soll mir zwei Pferde sparen – Pegasus, Schiller!" Ich war parteilos, lernte dort die Verwaltungswirklichkeit von Politik und deren parlamentarische Realität kennen, hatte tolle Chefs und lebte begeistert einer Aufgabe zugewandt.

1963 erkämpfte ich mir bei KM Professor Paul Mikat die Rückkehr in die Schule. Ich fühlte mich nie als „allein stehend", sondern als jemand, der zu Einsätzen bereit ist, und man forderte mich: im Dienst, ich hatte Chefs, die mir menschenbezogene Aufgaben übertrugen; im Philologenverband, wo ich nicht nur auf den Gemener Kongressen sprach, auch auf der ersten Schuldemonstration „Gymnasium in Not" in Essen, in der es nicht um Bezahlung und Klassenfrequenzen, sondern um Inhalte des Unterrichts ging. Und 1964 wurde ich zur Vorsitzenden des Philologenverbandes Rheinland, zur stellvertretenden Vorsitzenden Nordrhein-Westfalens gewählt. Niemand sagte: „Was, Frau?" Man war damals moderner, als es viele heute wahr haben wollen. Ich besuchte viele, viele Schulen und lernte. Und ich wurde – zum Beispiel für Bibelabende – gefordert in meiner Kirche.

Damals wie auch an allen anderen Stationen und bis heute gab es für mich nie die Frage: „Dienst oder Freizeit". Meine Leidenschaft galt und gilt der Sache und den Menschen, und ich bin beglückt, wenn ich mich in der so genannten Freizeit auf die Aufgaben vorbereiten kann. Allerdings: Ich habe mir immer Nachdenkzeiten frei gehalten, Zeiten der Einkehr, seien es Exerzitien oder heute einfach der stille Aufenthalt in einer Abtei. Um zu dem zu finden, was zählt, zu sich selbst, zu den andern, zur Welt, weil man zu Gott findet. Das schließt Freundschaftstreffen mit köstlichem Wein durchaus ein. Denn zu den „Tankstationen" meines Lebens zählen die Freundschaftstreffen. Sie werden „eisern" im Kalender festgehalten. Und da könnte der Kaiser von China kommen: An denen wurde weder in Mainz, noch wird an ihnen in Berlin gerüttelt. Ich koche ja angeblich nicht schlecht – und wir genießen das. Das ist Thomas von Aquin: Die Gnade setzt die Natur voraus!

Die Zeit in Düsseldorf prägte mein Leben. In der Dominikanerkirche in der Herzogstraße fand ich eine geistliche Oase. Dort begann jeder Tag für mich mit der heiligen Messe. Und was schon nach meiner Konversion in Bonn 1952 begonnen hatte, intensivierte sich hier: Ich traf auf glaubensstarke menschenoffene, schon damals im Geist des kommenden Konzils* lebende Menschen, die mir tiefe Freundschaft schenkten. Durch meine beste noch heute lebende Freundin und meinen nicht mehr lebenden tiefsten Freund, einen Dominikanerprior, begriff ich: Christsein heißt, der Liebesbotschaft des Jesus von Nazareth folgend, Leben für die Anderen und darin sich auch selbst zu finden.

Ich entdeckte in den kirchlichen Kreisen, wie Gespräche den eigenen Horizont erweitern und dass man Gegensätze aushalten kann. Im Kultusministerium, wo ja die Problemfälle landeten, entdeckte ich, dass Schule eben nicht nur, wie ich bis dahin meinte, Wissensvermittlung und Erziehung ist, sondern oft auch Sozialarbeit sein muss. Ich hatte unglaubliches Glück und bekam als Alleinstehende

---

* Das Zweite Vatikanische Konzil 1962 bis 1965 sprach sich für Religionsfreiheit und den Dialog mit Andersgläubigen aus.

eine selbständige Wohnung. Sie wurde vielfältiger Freundschaftstreffpunkt.

Mir wurde klar: In Sachen „Mann" hast du dich zweimal unsagbar geirrt, das ist offenbar nicht dein Weg. Ein weiser, sozial engagierter Dominikaner, Pater Professor Dr. Edgar Nawroth, Gründer der Zeitschrift „Die soziale Ordnung", erschloss mir, dass es in meiner Kirche die Möglichkeit gibt, als „Weltmensch" das Gelübde der Ganzhingabe abzulegen, was bedeutet: nicht zu heiraten, sein Geld und seine Zeit nicht nur für sich auszugeben, sein Leben an Gottes Ruf zu orientieren, das Stundengebet zu halten. Man muss es „eigentlich" dreimal für je ein Jahr auf Probe ablegen. Aber als das zweite Jahr dran war, revoltierte ich: Ich will jetzt endgültig, „usque ad mortem" – bis zum Tode. „Da müssen Sie Pater Prior fragen." Das tat ich – und der wurde bis zu seinem Tod 1979 der beste Freund meines Lebens.

Dieses Gelübde – vor dessen Ablegen ein Pater zu mir sagte: „Also, falls Sie doch mal heiraten wollen, dies wird in Rom relativ leicht gelöst" – war und ist die Basis der Freiheit meines Lebens. Nur der Ganz-Gebundene ist frei! Das haben in der Nazizeit Romano Guardini und Dietrich Bonhoeffer gesagt und gelebt, und ich erfahre es immer wieder, wie Bindung frei macht. So ist ein Single auch den Eheleuten tief verbunden, für die das ja in exemplarischer Weise gilt.

Überall fanden sich Freundeskreise zusammen, trafen sich Katholiken, die im Sinne von Karl Rahner, von Papst Johannes XXIII. für Liebe, Glaubensstärke und Offenheit eintraten. Überall hatte ich bald einen Kreis von Priestern, die regelmäßig zu Abendessen und Gespräch kamen. Überall: zu Hause in meiner Kirche. Und überall sammelte ich Menschen auf, die suchten oder in seelischer (oft auch materieller) Not waren und die sich gern regelmäßig von mir „bekochen" ließen und lassen. Auf „meine" drei HIV-positiven Freunde, die seit gut acht Jahren alle vier bis fünf Wochen zu mir kommen, möchte ich nie mehr verzichten. Ich bin die Beschenkte.

Die weiteren Stationen meines Lebens will ich nur stichwortartig nennen: hinreißend, mich menschlich und fachlich erfüllend, die Zeit als Oberstudiendirektor der Königin-Luise-Schule Köln 1965 bis 1970, die Zeit als Staatssekretärin und Ministerin 1970 bis 1981 mit dem besten Chef meines Lebens, dem Kultusminister (1967 bis 1976) und späteren Ministerpräsidenten (1976 bis 1988) von Rheinland-Pfalz, Bernhard Vogel, und die Zeit im fordernden und dann wiedervereinigten Berlin 1981 bis 1995 als Senatorin, Bürgermeisterin, Parlamentspräsidentin. 1995 bis heute: „Unruhestand".

In der politischen Zeit war mir das Single-Dasein auch ein Geschenk. Es gab in Berlin einmal eine ernsthafte und ein anderes Mal eine sehr ernsthafte Situation, in der ich sagte: Entweder so oder ich trete zurück, denn ich war arrogant genug zu meinen, eine Schule nimmt mich wieder als Direktorin. Dies hätte ich vermutlich, wenn ich eine Familie zu versorgen gehabt hätte, nicht so keck vertreten können. Diese Freiheit ist auch erwähnenswert. Sie ist die Freiheit des Zölibats. Wehe, wenn die in spießbürgerlichem Junggesellenstil untergeht. Ich erinnere ans „Single minded"!

Ich habe viele Ehrenämter, die mich fordern: Ich bin engagiert im Internationalen Bund (IB), Freier Träger der Jugend-, Sozial- und Bildungsarbeit, wo es um soziale Fragen von Jugendausbildung bis zur Altenarbeit geht. Ich bin als Vize engagiert in „Gegen Vergessen – für Demokratie". Da geht es uns um den Umgang mit den beiden deutschen Diktaturen. Von Hans Jochen Vogel gegründet, von Hans Koschnick weitergeführt, heute von Joachim Gauck geleitet. Ich bin engagiert als Vorsitzende der

Vereinigung der ehemaligen Mitglieder des Berliner Abgeordnetenhauses – das ist gelebte Geschichte. Und bin – um nur einiges zu nennen – Schirmherrin von Kirche HIV-positiv und von der Berliner Multiple-Sklerose-Gesellschaft. Da begegne ich wirklichem Leid und wunderbaren Menschen, die nicht nur an ihr Leiden, sondern an andere Menschen denken. Wer gibt, wird beschenkt. Aber ich habe da auch gelernt, dass man sich auch beschenken lassen muss. Gerade als Single! In einer ZDF-Sendung sagte ein richtiger Show-Mann, kein Priester!, auf die Frage, was Sünde sei: „Sünde ist, sich nicht beschenken zu lassen." Wer sich beschenken lässt, ist ebenso wie der, der schenkt, nicht mehr „Single", sondern Mitmensch – wie auch immer der Familienstand sei.

Nun noch ein paar „Nachschrabsel". Solange der Dominikanerfreund lebte, sind wir mit meiner Freundin, aber auch nur wir zwei, was ich stets der Ordensleitung mitteilte, in den Urlaub gefahren. Herrliche Gespräche, wunderbare Erfahrungen. Seit 1979 fahre ich allein in den Urlaub und genieße diese Zeit für mich. Sie ist aber auch eine Zeit der Freundschaft, denn nicht wenige meiner sehr guten Freunde besuchen mich dort – früher jahrzehntelang im Schwarzwald, jetzt für mich wohnortnäher am Scharmützelsee. Herrlich, wie die Wirtsleute die Gäste kommentieren. „Das waren aber sehr kluge ..." „Die hatten Sie aber sehr lieb." „Also, Ihr Bruder, das war aber der Lustigste." – „Nein, das war nicht mein Bruder, das war ein Priester, ein Don-Bosco-Pater." Der Osten staunte!

Selbstverständlich gibt es Erfahrungen der Einsamkeit. Aber in welchem Leben gibt es die nicht? Die schlimmste ist die in der falschen Zweisamkeit. Wenn ich im Urlaub die Ehepaare beobachte, die einander nichts mehr sagen, danke ich Gott. Wenn ich die beobachte, die sich immer noch etwas zu sagen haben und die sich liebevoll anschauen, danke ich den beiden still für das gelebte Miteinander – und danke auch Gott.

Ein Rat? Vorsicht! Eine Forderung! Jeder und jede muss versuchen, den eigenen Weg zu finden und den dann menschenoffen und liebesstark zu gehen. Wer nur erwartet, geliebt zu werden, wird enttäuscht werden. Wer bereit ist, zu lieben, wird beschenkt werden. Und: Jede Lebensform hat Licht- und Schattenseiten. Entdecken wir die Lichtseiten! Sie helfen uns, die anderen zu bestehen, und wir werden erfahren: Nicht der statistische Tatbestand „Single" ist entscheidend. Entscheidend ist, dass wir – in Ehe, Lebenspartnerschaft oder allein – nicht als Single, sondern als Mitmensch leben. Ein Leben ohne Du ist kein Leben. Der große Martin Buber sagte uns, dass wir erst am Du zum Ich werden, dass Begegnung Zentrum unseres Lebens ist.

Christlich gilt: Jeder und jede darf sich – das ist die Botschaft des Jesus von Nazareth – geliebt wissen, trotz aller Schuld und jenseits von aller Leistung: Und er und sie soll und kann diese Botschaft wenigstens als Ahnung weitergeben.

Hanna-Renate Laurien, Politikerin, geboren 1928, Staatssekretärin und Kultusministerin in Rheinland-Pfalz, 1981 bis 1989 Schulsenatorin von Berlin, 1991 bis 1995 Präsidentin des Abgeordnetenhauses von Berlin, konvertierte 1952 vom evangelischen zum katholischen Glauben, bis 2005 Mitglied im Zentralkomitee der deutschen Katholiken, tritt für die Ökumene ein, unverheiratet, löste zwei Verlobungen und legte ein Gelübde als „Weltmensch" ab, hat keine Allüren, bekannt für ihr Temperament, nimmt kein Blatt vor den Mund.

Ein Übergang.
Vielleicht für immer

Carsten A. Freitag

Ich bin seit 2003 Single. Man trennt sich halt. Warum? Ich habe sie nicht mehr geliebt. Wir hatten schon lange keinen Sex mehr. Und sowieso schien seit einigen Jahren etwas schief gegangen zu sein. Wir haben es nur nicht bemerkt. Wir waren zehn Jahre zusammen. Dann verliebte ich mich in eine andere. Das war der Punkt, an dem ich gehen musste. Die Trennung war eigentlich unmöglich – in der Praxis. Wir sind beide Künstler, hatten kaum Geld, und das Leben ist natürlich viel billiger, wenn man es sich teilt. Also habe ich ihr alles da gelassen: die Wohnung, die Möbel, den ganzen Küchenkram und zog zu einer Freundin ins Atelier. Ohne Küche, ohne Bad. Ich hatte nur einen Koffer und mein Auto. Sonst nichts. Meine ganze beruflich-soziale Stabilität war weg, die war in all den Jahren zu sehr mit der Partnerin verbunden. Wir haben als Künstler auch zusammen gearbeitet. Als ich diese Partnerschaft aufgab, gab ich mein Zuhause und mein Arbeitsumfeld auf. Die Trennung hat mich wirklich von allem getrennt, was mein Leben strukturierte.

In der ersten Zeit hatte ich nie das Gefühl Single zu sein. Ich hatte mich ja sofort in eine heftige Liebesgeschichte gestürzt. Erst als die nach einigen Monaten vorbei war, merkte ich, dass ich Single bin. In der langjährigen Beziehung hatte ich immer jemanden, mit dem ich reden konnte, der da war, der mir Vertrauen gab, sich um mich kümmerte, um den ich mich kümmerte. Die kurze Liebesgeschichte bediente diese Bedürfnisse noch. Erst nach dem Desaster mit der Frau, für die ich mich getrennt hatte, begann die Suche. Plötzlich fühlte ich mich wahnsinnig allein. Ich wollte die Lücke wieder füllen, nicht akzeptieren, dass ich allein auf der Welt war. Da war niemand mehr zum Reden. Den Verlust habe ich erst einmal kompensiert und bin von einer Affäre in die nächste gestolpert. Auf einer Ausstellungseröffnung traf ich die nächste. Nach vier Wochen war es vorbei …

Inzwischen habe ich eine eigene Wohnung, das Auto verkauft und mich etwas eingerichtet in dem Single-Zustand. Jetzt lebe ich auf 35 Quadratmetern. In der Wohnung könnte ich wirklich kein Partnerleben führen.

Ich finde „die Schublade Single" ziemlich komisch. Ob in einer Partnerschaft oder als Single – das Leben ist doch das gleiche. Als Paar musst du ja auch das Schlechte teilen, nicht nur das Gute. Im Schwimmbad immer auf die Freundin warten, bis sie fertig ist. Als Single machst du einfach alles in dem Tempo, das dir gefällt, wann und wie du es willst.

Ich gehe jetzt seit drei Jahren in eine Therapie. Ich glaube, mein Problem war, wie ich früher an Beziehungen ran gegangen bin. Sie waren Familienersatz, das, was ich seit der Kindheit vermisst und gesucht habe, eine Heimat. Trotz der Therapie bleibt das Gefühl: Ich habe kein Fundament mehr. Mein Vater starb vor acht Jahren und meine Mutter letztes Jahr, nach einer schweren Krankheit. Mit gerade mal vierzig Jahren habe ich keine Eltern mehr. Für mich ist die Partnerschaft, die Idee, mit einer Frau zusammenzuleben, wichtig, um so was wie Heimat zu finden. Ich hätte es einfach schön gefunden, wenn jemand mit mir am Grab meiner Mutter gestanden hätte. Langsam fahre ich auf das amerikanische Wertesystem ab und wünsche mir auch nur noch eine Familie und einen guten Beruf. Eine Zeit lang dachte ich, Freunde könnten dieses klassische Modell ersetzen, aber das ist nicht wahr, Freundschaft geht immer nur bis zu einem bestimmten Punkt. Ich frage mich natürlich, ob eine Beziehung wirklich das Gefühl lösen könnte, sich heimatlos zu fühlen, oder ob die Lösung nicht ganz woanders gefunden werden muss. Vielleicht ist es ganz gut, eine Zeit lang allein zu sein und das für sich herauszufinden.

Ich musste erst wieder lernen, mich anderen Menschen gegenüber zu öffnen. In der Partnerschaft war ich ganz fokussiert auf den anderen. Inzwischen verteile ich meine Sorgen wieder auf mehrere Menschen. Ich habe das Glück, in einem Atelierhaus zu wohnen, wo auch andere Künstler arbeiten und leben. Eine Art Wohngemeinschaft. Ich kenne alle im Haus, wir treffen uns zum Frühstück oder Kaffee trinken. Ich bekomme oft Besuch, wir sind immer im Gespräch. Einer der Nachbarn, dessen Freundin viel unterwegs ist, führt auch fast ein Singleleben. Wir essen abends oft gemeinsam oder rauchen eine Zigarette zusammen. Aber er strahlt mehr Selbstbewusstsein aus, scheint sicherer zu sein als ich.

Alle anderen im Haus leben in Beziehungen. Mittlerweile finde ich Pärchen manchmal etwas suspekt. Ich mache gerade einen Tanzkurs, da sind alle auf eine Person fixiert, ihre Frau oder ihre Freundin. Wenn der Tanzlehrer einen Partnerwechsel ansagt, ist das allen extrem unangenehm. Wie verschlossen Paare sind, fällt mir jetzt erst auf.

Merkwürdig. Sicher ist das eine erste Erkenntnis meines Single-Seins: Sich abzuschotten habe ich vermutlich von zu Hause mitbekommen. Aber man kann Partnerschaft auch anders leben. Es ist zwar sinnvoll, eine feste Beziehung zu haben, aber man kann trotzdem gucken, wen es da in der Welt noch gibt, um andere Menschen kennen zu lernen, und man kann daneben enge Freunde haben. Wichtig wäre mir in einer Beziehung, dass jeder sein Ding machen kann.

Ich gehe jetzt viel weniger aus als früher, als ich noch in der Beziehung war. Wie lerne ich dann eine interessante Frau kennen? Aber eine Partnerin zu finden, hängt nicht davon ab, dass man rausgeht. Ich habe einige Monate im Internet gechattet, über 30 Frauen getroffen, aber gemerkt, dass es Schwachsinn ist, etwas zu erzwingen: „Jetzt muss es sein" funktioniert nicht. Wenn man sich so leicht verabreden kann, entsteht eine Konsumhaltung. Klappt das eine Date nicht, weil man die falschen Turnschuhe an hat, dann triffst du halt die nächste. Es ist schwer, jemanden zu treffen und sich zu verlieben, wenn man vom anderen nichts weiß. Er kommt ja nicht aus meinem Umfeld, sondern aus dem Internet. Ohne dieses Wissen, diese Berührungspunkte, diese gekreuzten Wege, geht es wohl nicht. Für mich ist es nicht das Problem, jemanden kennen zu lernen. Die Treffen fand ich auch interessant. Aber Liebe habe ich nicht gefunden. Entweder man ist verliebt oder nicht. Es muss passen. Nach diesen ganzen Trials und Errors in den letzten Jahren ist das die einzige Erkenntnis: Ich muss Geduld haben und sehen, was passiert.

Natürlich träume ich davon zu zweit sein. Und Kinder sollen auch kommen. Aber jetzt muss ich damit leben, dass ich das nicht habe und es vielleicht auch nie kommt. Im Moment lebe ich damit ganz gut. Ich gehe jeden Tag zum Sport, arbeite bis vier Uhr morgens, ernähre mich gesund, bin in Form, sehe gut aus. Für mich geht es jetzt darum, wie ich mit mir selber klar komme, wie ich Aufträge und Ausstellungen bekomme, wie ich Geld verdiene. Ich bin so beschäftigt mit mir selbst, tauche in eine zweite Lebenshälfte ein, dass ich gerade nicht viel Raum sehe für die Liebe. Nach der langen symbiotischen Beziehung ist das für mich eine ganz neue Erfahrung, autark zu sein, mich selbst auszuhalten und zu unterhalten. Es gelingt nicht immer, aber im Grunde schon ganz gut. Irgendwann werde ich in der Lage sein, wieder eine Beziehung zu haben, aber unter anderem Vorzeichen. Ich empfinde diesen Zustand jetzt als einen „Übergangszustand". Mir ist bewusst, dass ich noch nicht da bin, wo ich hin will. Und in meinem Freundes- und Bekanntenkreis sehe ich immer häufiger, wie Menschen sich einrichten, Wohnungen kaufen, Kinder bekommen und jeden Tag wissen, was sie zu tun haben und wo sie hingehören. Auch im Alltag gibt es immer wieder Momente, in denen ich spüre, wie doof es ist, allein zu sein. Das Einschlafen fällt mir schwer. Und die Motivation. Wenn du mit jemandem lebst und arbeitest, hast du immer eine gewisse Motivation, einen Antrieb. Der andere will arbeiten, also arbeitest du auch. Man kocht zusammen, verabredet sich zu bestimmten Zeiten, für bestimmte Vorhaben und hat so mehr Ruhe an seinem Tag. Jetzt muss ich alles allein entscheiden, machen, anschieben.

Manchmal habe ich schon das Gefühl, ich bin völlig allein auf der Welt. Natürlich habe ich Freunde, die mir helfen, aber sie sind nicht so ungefragt für mich da wie eine Partnerin. Das geht ja gar nicht. Wenn's Scheiße läuft, Probleme kommen, deine Mutter stirbt, fehlt dir einfach der vertraute Mensch, der da ist, zuhört, dich begleitet. Klar sagen die Freunde, dass es ihnen Leid tut. „Können wir helfen?", fragen sie. Aber du wachst allein auf und schläfst allein ein. Die Intensität, mit der man in einer

Beziehung füreinander da ist, kann man ja Freunden nicht zumuten. Wenn das Leben gut läuft, dann hat das Single-Sein Vorteile. Aber ich bin jetzt vierzig und möchte noch eine Familie haben. Zurzeit könnte ich mir aber nicht einmal einen Hund halten. Mein Leben besteht im Moment aus Arbeit, Arbeitssuche, Sport, Therapie, Freunde treffen. Und Arbeit. Nicht sehr aufregend. Aber ich bin gespannt, was noch alles kommt und geht.

Carsten A. Freitag, bildender Künstler, geboren 1966, seit 15 Jahren in Berlin, keine Eltern mehr, noch keine Kinder, aber einen Bruder, eine Nichte, einen Neffen und viele Freunde. Trägt Brille und sieht auch sonst sehr genau hin. Begeisterter Sportler, Ästhet, Autofahrer, Tänzer, Koch, Feinschmecker (Döner, Misosuppe, Schokolade).

… Loves just a waste of our energy yea
And this life's just a waste of our time
So why don't we get together
We could waste everything tonight
And we could waste
and we could waste it all yea …

… Liebe verschwendet nur unsere Energie
Und dieses Leben vergeudet einfach unsere Zeit
Also warum tun wir uns nicht zusammen
Wir könnten heute Abend alles verschwenden
Und wir könnten verschwenden
und wir könnten es alles verschwenden yeah …

aus einem Song von Jack Johnson

Niemand da, der mich küsst

Katharina Sommer

An meinem letzten Geburtstag erwachte ich vom Singen meines Sohnes. Er hatte auch schon den Frühstückstisch gedeckt, wie ich es für ihn immer tue.

Wir leben schon ziemlich lange allein. Meistens fällt mir das Fehlen eines Mannes gar nicht mehr auf. Ich bin es gewohnt, die notwendigen Dinge selbst zu tun.

Wir haben uns eingerichtet in unserem Leben zu zweit. Manchmal denke ich, ein Mann würde unseren unkomplizierten Alltag nur stören, den halbleeren Kühlschrank mit

Salami und Wiener Würstchen, unsere verschlafenen Morgen, die Bücher und Zeitungen am Esstisch, die gemütliche Unordnung.

Schlimm sind Geburtstage, einsame Wochenenden, an denen die Freunde keine Zeit haben, das Kind nervt und die Kraft nicht reicht, Urlaube mit Paarfreunden, Feste bei denen ich wieder mal allein auftauche, Elternabende. Und manchmal tut es weh, die Freude oder Sorge über die Entwicklung des Kindes nicht teilen zu können.

Nach außen hin lasse ich mir nichts anmerken, bin die starke Frau, die Füße fest auf dem Boden der Tatsachen. Nur wenige Freunde wissen um meine dunklen Stunden. Gott sei Dank bin ich ein eher froher Mensch, habe viel Glück erlebt und kann über mich lachen. Ich habe mich entschieden, nicht zynisch zu werden. Ein stabiles soziales Umfeld und auch die kinderfreie Zeit, die mir meine Eltern ermöglichen, bewahren mich davor. Keinesfalls möchte ich als verbitterte, frustrierte Frau enden, die ihre Daseinsberechtigung in der Aufopferung für den Nachwuchs findet, die Last des schweren Schicksals auf der Stirn. Ein Kind als Rechtfertigung für nicht gelebtes Leben.

Mein Sohn hat einen Vater, der ihn einmal die Woche sieht, ihn liebt und guten Willens ist. Aber es ist keine Frage, wer verzichtet, wenn es hart auf hart kommt. Denn er hat die Wahl, ich nicht. Meist verstehen wir uns gut, da ist kein Schmerz mehr und auch kein Vorwurf. Als getrennt lebende Eltern versuchen wir unser Bestes. Wenn ich ihn bitte, kommt er mit zu Lehrergesprächen, die dann gleich eine ganz andere Dynamik entwickeln. Es ist eben doch wichtig, gelegentlich zu zeigen, dass beide Elternteile zu ihrem Kind stehen. Und neulich musste ich lachen über die Bemerkung meines Sohnes: „Papa hat eine neue Freundin. Er ist ein ganz schöner Anmacher, jetzt hatte er auf jeden Fall schon drei Frauen."

Natürlich gab es nach der Trennung vom Vater meines Sohnes Männer in meinem Leben. Aber irgendwie kamen sie mir wieder abhanden. Was voller Euphorie begann, erwies sich als nicht alltagstauglich. Besonders als mein Sohn noch klein war, hoffte ich, mit einem anderen Mann ein „normales" Familienleben führen zu können. Dabei ging es mir nicht darum, einen Ersatzvater zu finden. Ich wollte, will immer noch, ein Gegenüber für mich, einen Mann an meiner Seite, der auch meinem Sohn ein Freund ist. Gefunden habe ich Männer, die die Behaglichkeit eines warmen Zuhauses mit geregelten Mahlzeiten genossen und sich gelegentlich mit dem süßen Kind schmückten. Das ist mir zu wenig. Ich trage gern die Verantwortung für meinen Sohn, bin aber nicht bereit, mir auch noch die Sorge für einen unerwachsenen Mann aufzuladen.

Nach dem traurigen Ende meiner letzten Beziehung liegt mein Liebesleben brach. Ich nutze die Pause und versuche herauszufinden, warum ich mich immer wieder in Männer verliebe, die mir nicht gut tun. Warum nicht ein netter Programmierer anstatt eines schriftstellernden Tischlers? Alles zurück auf Start. Wenn ich es mir recht überlege, würde ich gern die Anstrengungen des Kennenlernens überspringen und gleich in Phase zwei – Frühstadium einer harmonischen Beziehung, unaufgeregte, leidenschaftliche Selbstverständlichkeit – einsteigen. Erfahrungsgemäß wird es von mal zu mal schwieriger, sich einzulassen, die Erwartungen an der Wirklichkeit zu messen, Position zu beziehen. Zu wissen, wie verletzbar die Liebe macht, erleichtert die Sache auch nicht gerade. Andererseits ist es gerade das Wissen darum, wie es sich anfühlt geliebt zu werden, was mich treibt, es wieder zu versuchen. Aber was nutzt es, wenn der geeignete Kandidat einfach nicht auftaucht? Gelegentlich mache ich mir Gedanken, ob es an mir liegt. Was ist falsch an mir, dass es einfach nicht gelingen will, das Projekt „Liebe ohne Ende"? Bin ich zu anspruchsvoll, zu unflexibel, zu dick, zu uninteressant? Einer der wenigen Kommentare, die mein Vater zu diesem ansonsten familiären Tabuthema von sich gab, war, dass er mir leider keinen Mann backen könne – wie wahr. Und ich kann mir keinen passgenau zurechtändern.

Und überhaupt, was ist nur mit den Männern los? Ich weiß ja, es gibt keine frei laufenden unbeschriebenen Blätter mehr in meinem Alter, nur noch beziehungsgeschädigte Secondhandmänner, die bestenfalls etwas gelernt haben aus ihrem Scheitern. So wie ich auch. Aber warum ist es so schwer zu verstehen, dass auch in der starken Frau ein kleines verschüchtertes Mädchen steckt, das sich seiner selbst nicht immer sicher ist und von Zeit zu Zeit hören muss, wie toll es ist?

So wie es aussieht, bin ich im Moment noch nicht bereit für eine neue Beziehung. Fühle mich ausgelastet mit meiner Arbeit, die viel, zuviel Zeit frisst, habe unterschwellig ein permanent schlechtes Gewissen meinem Sohn gegenüber, der häufig zurückstecken muss. Wenn das Kind abends versorgt und im Bett ist, bin auch ich oft nicht mehr in der Lage zu Kommunikation, will einfach nur meine Ruhe haben, lesen oder maximal um die Ecke ins Kino gehen. Gelegentlich, eigentlich viel zu selten, unternehme ich etwas mit meinen alten Freunden. Auch sie sind meist durch Beruf und Familie ausgelastet und permanent zeitknapp. Ich bin nicht aktiv auf Männersuche, lasse die Dinge auf mich zukommen, bin offen für das Glück, falls es an meine Tür klopft. Irgendwann wird es passieren. Bis dahin könnte ich auch versuchen, ihm auf die Sprünge zu helfen. Vielleicht im Internet oder per Inserat. Immerhin eine Möglichkeit, in meinem Bekanntenkreis gibt es einige Beispiele. Ich kann mich nicht dazu entschließen. Mag nicht in Verhandlungen treten, den Marktwert testen,

Angebot und Nachfrage checken. Möchte mich vergucken in schöne Augen und gute Hände, Wortwitz probieren, fühlen, was geht – überall, aber bestimmt nicht unter „www.liebe.de".

Ich bin eine sinnliche Frau, zu jung um wie eine Nonne zu leben. Das ist ein Problem. Was mache ich mit meiner Lust? Abgesehen davon, dass Affären und One-Night-Stands mit Kind schwer zu organisieren sind, bin ich auch nicht sonderlich daran interessiert. Eine unangenehme Vorstellung, morgens neben einem fremden Mann aufzu-wachen und mich zu fragen, ob das nun wirklich sein musste. Wenn ich mit einem Mann ins Bett gehe, möchte ich wenigstens in diesem Augenblick glauben, alles ist möglich. Als ich doch einmal eine nette, heimliche Affäre hatte, ergab sich das eher zufällig, getragen von gegenseiti-ger Sympathie und dem Wissen um die Unmöglichkeit einer gelebten Beziehung. Gut fand ich, dass die Treffen aus praktischen Gründen nicht bei mir stattfanden. Ein kleiner Rollentausch, der mir erlaubte zu ahnen, wie es sich für einen Mann anfühlt, erwartet zu werden, zu kommen und zu gehen, wie es ihm passt. Etwas, das ich als Mutter mit der warmen Wohnung so nicht mehr kannte. Als die Sache schal wurde, fand sie ein schmerzloses Ende. So gibt es immer wieder freiwillig unfreiwillige Phasen sexueller Enthaltsamkeit in meinem Leben. Es wäre gelogen zu sagen, dass mich das nicht stört.

Solange also Mr. Right nicht in Sicht ist, lebe ich weiter mein Leben nach Plan B. Mutterschaft ist keine Glücks-garantie, aber sie macht das Singleleben unwirklicher, viel-leicht auch erträglicher. Es ist eben jemand da, das Leben hat einen Rahmen, einen Sinn.

Das war's aber auch schon. Als Frau fühle ich mich, genau wie meine alleinstehenden Freundinnen, unverän-dert bedürftig, niemand da, der mich küsst, sagt dass ich schön bin, Blumen kauf ich allein. Ich sehne mich nach Liebe, der vertrauten Gemeinsamkeit mit einem geliebten Mann, geistigem Austausch und Auseinandersetzung, nach Leidenschaft und körperlicher Nähe. Möchte mich fallen lassen, meine Liebe verschwenden. Es ist so schwer, Geborgenheit zu geben, wenn man sich selbst nicht geborgen fühlt.

Manchmal frage ich mich, was aus ihnen wird, den allein erzogenen Söhnen erschöpfter überforderter lebenshungriger Mütter. Werden sie die liebes- und beziehungsfähigen Männer, nach denen wir uns sehnen?

Katharina Sommer, geboren 1968, ein Sohn (elf Jahre), lebt und liebt schon immer in Berlin. Als Jungunternehmerin hat sie das Prinzip Selbstausbeutung perfektioniert. Um so größer ist die Lust auf freie Abende, Ausschlafen oder Ausflüge. Die finden oft im Kopf statt, wenn sie tagtäglich ein gutes Buch in die Hand nimmt.

Das Glück verlässt uns nicht.
Es verreist nur von Zeit zu Zeit ...

Elke Becker

Bilderbuchwinterwetter

Christiane Zießler

Winter 2005: Es klappte mal wieder alles, wenn auch auf den letzten Drücker. Mein Sohn bestand einen Tag vor unserem Start in die Winterferien nach Österreich die Fahrprüfung. Also konnten wir uns mit dem Fahren abwechseln. Ich fühle mich sicherer, wenn ich nicht nur auf mich allein gestellt bin. Die Skier auf dem Autodach so zu montieren, dass sie nicht wegfliegen, Schneeketten anzulegen, damit tue ich mich schwer. Ich bin froh, dass die Kinder die Technik souverän beherrschen. So hat mein Unvermögen auch etwas Gutes: Alle kümmern sich um den Familienurlaub, auch die großen Kinder.

Nach vielen Stunden Fahrt kommen wir gut an. Es gab keine Probleme, ich war wieder mal umsonst aufgeregt. Wir packen aus, machen es uns in unserer Ferienwohnung bequem, gehen später in unser gemütliches Lieblingsrestaurant essen. Wir kennen uns gut im Ort aus, weil wir schon öfter dort waren. Zum ersten Mal jedoch bin ich mit den Kindern allein hier. Das irritiert mich. Es laufen viele „vollständige" Familien durch den Ort und ich frage mich, ob sie mich schräg ansehen. Frau mit drei jugendlichen Kindern und kein Mann dazu. Aber wahrscheinlich bilde ich mir die schrägen Blicke ein. Es fällt mir nicht leicht, zu meinem Single-Sein zu stehen. Darüber denke ich an diesem Abend allerdings nicht mehr nach. Nach einem schönen Abend mit den Kindern, gutem Essen und Wein und nach der langen Autofahrt schlafe ich sofort ein.

Am nächsten Morgen haben wir herrliches Bilderbuch-winterwetter. Wir bleiben nicht lange am Frühstückstisch sitzen. Die Kinder gehen gut gelaunt Snowboard fahren auf die Piste. Für den Nachmittag verabreden wir uns. Wir wollen einen Dorfbummel machen, vielleicht Germknödel essen und Kaffee trinken.

Ich frage mich, wie ich meinen ersten Langlauftag verbringen könnte. Ich kenne die Umgebung sehr gut. Äußerlich werde ich mich auf vertrauten Pfaden bewegen. Ich wähle gleich die lange, aber leichte Route zum Heiterwanger See. Beim Laufen durch den verschneiten Winterwald habe ich Zeit, über mich nachzudenken. Meine Gedanken laufen wie die Skier ohne große Kraftanstrengung, aber stetig dahin. Das ist entspannend, niemand fehlt mir. Hier gefällt es mir, allein zu sein. Und ich sage mir: So, wie ich jetzt lebe, ist es gut. Ich will es so. Mein Tempo muss ich nicht nach jemandem richten. Ich muss mich nicht unterhalten oder sogar streiten, muss keine Pause machen, obwohl ich noch weiter fahren will und muss darüber auch nicht diskutieren. Allerdings, wenn ich in einer Hütte zum Kaffee trinken einkehre, sitze ich allein. Aber so schlimm empfinde ich das hier nicht. Ich genieße ganz für mich die Schönheit der Natur, die Stille, die Sonne und den glitzernden Schnee. In diesem Moment wird mir plötzlich klar: Vor einigen Jahren lief ich genau diesen Weg mit meinem Mann. Aber ich war nicht glücklicher damals – ganz im Gegenteil! Und plötzlich fühle ich mich angenehm frei und kraftvoll. Ich atme tief durch und erhöhe mein Lauftempo. Es macht mir Spaß, durch den Schnee zu gleiten … allein!

Mein Gefühl als Single ist ein Auf und Ab. Mal überwiegt die Freude über die Unabhängigkeit und Selbstbestimmung, mal der Gram über das Fehlen einer festen Beziehung und alle negativen Bewertungen, die ich damit verbinde. Als Kind bekam ich offen und verdeckt zu spüren, dass ohne „eheliche Beziehung" zu leben – das Wort Single war damals noch nicht modern – ein Makel ist. Ich verinnerlichte es ungeprüft. Eine Frau ohne Mann zu sein, war peinlich. Eine Frau, die verlassen wurde, konnte sich wenigstens als Opfer fühlen, was durchaus positive Seiten hatte. Aber sie lebte auch mit dem Gefühl, versagt zu haben. Ehe bedeutete Absicherung für die Frau. Der Preis war hoch: Ob sie glücklich war, spielte keine Rolle.

So dachte ich früh ans Heiraten. Wenn ich als Jugendliche mal keinen Freund hatte, fühlte ich mich unvollständig. Wenn ich verlassen wurde, traf mich das besonders hart. War ich nicht gut genug? Zum Glück blieb ich nie lang allein und brauchte ich mich nicht weiter damit auseinander zu setzen.

Nach ungefähr 30 Jahren Beziehungsverwöhnung (das Gute, das haften bleibt) und leichter Beziehungsschädigung (das Negative, das haften bleibt) war der Schritt ins Singledasein nach Ehe und Familie mit drei Kindern ein großer für mich. Es fiel mir nicht leicht, dem Gefühl, nun einen Makel zu haben, etwas entgegen zu setzen, Vor- und Nachteile zu erkennen. Mein Leben verläuft jetzt weniger sicher und vorhersehbar. Dabei war mir Sicherheit immer so wichtig. Es ist spontaner, spannender und lebendiger geworden. Es geht auch mit weniger Sicherheit. Aber es gibt Momente, da fürchte ich, den Boden unter den Füßen zu verlieren, habe Angst, das Leben allein nicht zu bewältigen. Ich habe jetzt viel mehr Verantwortung. Es war bequem, sie abzugeben. Dafür habe ich mehr an Eigenständigkeit und Selbstbewusstsein gewonnen. Das spüre ich vor allem, wenn ich etwas erreicht habe, das ich mir nicht zugetraut hatte. Es liegt mehr Last auf meinen Schultern. Beraten kann ich mich mit anderen, aber entscheiden muss ich ganz allein. Nach einer mehr symbiotischen Ehe habe ich jetzt viele Freiräume. Das gefällt mir. Ich finde es befreiend, dass ich tun und lassen kann, wonach mir gerade zumute ist: Dreimal in der Woche zum Sport zu gehen, dazwischen noch ein Treffen mit einer Freundin beim Italiener und Sonntag früh noch joggen zu gehen, hätte früher starken Protest verursacht. Jetzt mache ich es.

Aber ich erlebe den Freiraum auch als Vakuum, das ich trotz aller Aktivität nicht ausreichend zu füllen vermag. Dann kommen die Einsamkeit und der Wunsch nach einer festen Beziehung und Geborgenheit in mir hoch. Lichtund Schattenseiten des Singledaseins spüre ich immer wieder. Aber ich stehe ihnen – und mir als Single – viel freundlicher gegenüber. Ich bin bestimmt kein Single aus Überzeugung und ein Leben ohne feste Partnerschaft ist nicht meine Lebensperspektive.

Manchmal glaube ich, dass in einer Beziehung zu leben doch das einzig Richtige für mich ist. Aber so ist es ja gerade nicht! Mein Leben ist jetzt nur anders glücklich oder unglücklich. Schaue ich mich um, sehe ich zufrieden und verbittert wirkende Paare genauso wie froh und griesgrämig, traurig wirkende Singles. Fühle ich mich traurig, denke ich an den Winterurlaub und sage mir: „Lieber bin ich allein unglücklich als zu zweit unglücklich." Und ich bin als Single gar nicht ständig unglücklich! Wenn ich mit meinem Leben zufrieden bin, kann ich auch die Zukunft mit oder ohne feste Beziehung gelassen auf mich zukommen lassen. Sicher möchte ich wieder in einer Partnerschaft leben, aber nicht um jeden Preis.

Es gibt für mich einiges, das ich aus dem Singleleben in eine Beziehung „hinüber retten" würde. Erfahrungen, die ich anders vielleicht nie gemacht hätte. Was ich brauche, mehr als früher, sind Freiraum und Autonomie. Ich möchte Geborgenheit erleben und trotzdem auf Eigenständigkeit nicht verzichten. Ich möchte mich anlehnen können und mich nicht vereinnahmen lassen. Ich möchte Gemeinsamkeit erleben und trotzdem Raum für eigene Interessen ohne schlechtes Gewissen haben können. Unvereinbare Widersprüche oder die Kunst eine Beziehung zu leben und auszubalancieren?

Winter 2006: In drei Wochen fahren wir, die Kinder und ich, wieder in den Winterurlaub nach Österreich, aber nicht in den gleichen Ort. Ich mache mir nicht mehr so viele Sorgen vor der Fahrt. Wir schaffen das schon! Wenn dann schon alles anders ist, lasse ich vielleicht auch die Langlaufskier zu Hause, leihe mir Abfahrtski aus und mache einen Skikurs. Abfahrt ist ja auch schön. Dabei kann ich noch etwas lernen, das neu ist! Also warum nicht?

Christiane Zießler, Psychologische Psychotherapeutin und Mediatorin in einer Evangelischen Beratungsstelle, geboren 1956, lebt seit 2000 mit drei Kindern allein. Reiten ist ihr liebstes Hobby, „das Glück der Erde liegt auf dem Rücken der Pferde". Eine Konstante, wenn das Leben mit oder ohne Partnerschaft zwischen Licht und Schatten schwankt.

Irre als Beziehungsbeduine durch die Wüste.
Geh an meinem Wechsel auf die Ewigkeit bankrott.

Heinz Rudolf Kunze

Beziehungsbeduine

Konrad Lauenfeld

Vater kam nach Hause. Ich wartete im Hof. „Hast Du mir etwas mitgebracht?" „Ein Herz voller Liebe!", sagte er und lachte. Mir wäre Spielzeug lieber gewesen – damals. Heute weiß ich: Mein Vertrauen in Beziehungen verdanke ich meinen Eltern. Sie liebten sich. Und mich.

Dann starb Vater und die Probleme kamen. Mutter war allein und ich auch. Mutter ging es schlecht und ich suchte nach Lösungen. Jedenfalls glaubte ich, Verantwortung übernehmen zu müssen. Ich setzte mir den Hut des Vaters auf und floh als einziges Kind vor zu viel „Bauch" „in den Kopf".

Als Jugendlicher las ich alles, was ich über Beziehungen in die Hände bekam. Wie funktioniert das, wollte ich wissen und Strategien planen. Ich wuchs heran, wollte neben Pflichten endlich auch die Rechte der „Großen" haben. Verantwortung, aber auch Freiheit. Ich wollte raus in die Welt. Mich ziehen zu lassen, fiel Mutter nicht leicht. Trotzdem ließ sie mich gehen und studieren, was ich wollte.

Mit zwanzig verliebte ich mich in eine drei Jahre ältere Frau. Sie gab für unsere Beziehung die Arbeit auf. Zog zu mir in eine andere Stadt. Ich geriet unter Druck. Würde sie

Arbeit finden? Sie riskierte es und fand lange keine. Sie stellte die Beziehung an die erste Stelle. Ich würde das nicht tun. Ich würde nie nur auf Gefühle setzen, obwohl du ihre Bedeutung oft erst siehst, wenn es zu spät ist. Sie wollte ein Kind, eine Familie gründen. Ich noch nicht. Wir trennten uns. Ohne Streit. Sie versuchte es mit einem anderen. Wir blieben Freunde.

Ein anderes Extrem erlebte ich mit einer Studentin. Sie verliebte sich in mich. Ich war unentschieden, ließ mich überreden. Sie gab mir alle Freiheiten, ich konnte tun und lassen, was ich wollte. Der Sex mit ihr war super. Wir taten es einfach, sie wollte nicht lange reden. Nur nichts zerreden. Einfach sehen, was kommt. Mir tat das gut. Etwas einfach auf mich zukommen zu lassen, fiel mir nicht leicht. Das war neu. Der Kühlschrank immer voll, Freibrief für alles – lange ging das gut. Doch das schöne Larifari war mir auf Dauer zu wenig. Alles war möglich, aber auch unverbindlich. Weder war es Liebe noch echtes Begehren. Einerseits wirkte meine Freundin locker und unverkrampft, andererseits passiv, beinahe willenlos. Als sei sie abhängig von den Umständen, als könnte sie nicht selbst ins Leben eingreifen. War ich nur nach dem Zufallsprinzip an sie geraten? Nicht wirklich gewollt und selbstbestimmt gewählt? Vorsichtig fing ich an zu reden. Sie wehrte ab. Wollte nicht reflektieren, nicht versuchen zu klären, was wir in der Beziehung erlebten. Sie weigerte sich und ging allem aus dem Weg. Ich war enttäuscht und fassungslos zugleich. Von da an war ein Bruch, meine Motivation auf dem Nullpunkt angelangt. In zu viel Unverbindlichkeit verläuft eine Beziehung im Sand.

„Irre als Beziehungsbeduine durch die Wüste. Geh an meinem Wechsel auf die Ewigkeit bankrott", schrieb Heinz Rudolf Kunze. Ich hörte es auf einer seiner ersten CDs von 1979. Beziehungsbeduine finde ich stark. An dem Bild gingen mir damals die Augen auf. Auf dieser Bahn bewegte ich mich ja. Ich musste stoppen. Denn ich war weit genug gegangen, um zu wissen, dass man darauf nirgends ankommt. Du kannst die Irrfahrt ewig verlängern. Geht eine Beziehung in die Brüche, wechselst du zur nächsten. Die wird schon besser werden. Was schiefgelaufen ist, wird nicht bearbeitet, nur hinter sich gelassen. Bist du unfähig, einen Schlussstrich unter diese Irrfahrt zu ziehen, machst du immer so weiter. Wenn du Erlebtes nicht verarbeitest, aus einer Beziehung fliehst, ohne sie bewusst zu gestalten, suchst du ständig nach dem, was du gern hättest. Und findest es nicht. Der verführerische Blick nach außen lenkt von der seelischen Einöde ab. Die Erfahrung des Scheiterns kann zu einer ewig andauernden „kaputt-neu"-Mentalität führen, die die Resignation und den Kreislauf ewigen Suchens beschleunigt und zur permanenten Irrfahrt werden lässt. Das wollte ich nicht!

Als Mann lebe ich zwischen zwei Polen: dem Vater und dem Verführer. Der Vater gibt der Frau Sicherheit, ist liebevoll väterlich, souverän, aber auch verkopft. Der Verführer steht für Lebendigkeit, Spiel, Verrücktes und Verruchtes. Ich musste erst lernen, die Verantwortlichkeit loszulassen und die Rolle des Verführers hervorzukehren. Man kann es lernen. Du brauchst nicht egoistisch sein oder wie ein Casanova durch die Schlafzimmer ziehen. Du gehst einfach dem nach, was du von einer Frau möchtest. Verführt die Frau den Mann, ist das schön, verunsichert aber auch.

Einer Frau habe ich immer offen und klar gesagt, was ich will und was nicht. Keine Ausreden – auch nicht bei einem One-Night-Stand. Das vermied Diskussionen am Morgen. Auf diese Weise bekam ich keinen unnötigen Beziehungsstress. Schokoladenseiten zeigen und Schattenseiten verstecken geht auf Dauer nicht gut. Verstecken, wegdrängen, vermeiden ist nicht mein Ding, taktieren nicht meine

Sache. „Geliebt wirst du nur, wenn du schwach sein kannst, ohne Stärke demonstrieren zu müssen" (Theodor W. Adorno). Wirkliche Begegnung gelingt da am besten, wo man sich mit der ganzen Geschichte kennt und den Mühen der Ebene nicht aus dem Weg geht.

Mittlerweile bin ich kein Single mehr. Ich bin verheiratet. Auch als Familienvater brauche ich ab und zu immer noch meine Auszeiten, Einkehrtage, Schweigewochenenden. Brauche das Mönchische im Mann, die Zelle, ein Buch, den Whisky, die Abgeschiedenheit für den inneren Dialog. Die „Zelle" wirft mich auf mich selbst zurück. So komme ich etwas mehr zu mir. Manchmal unverhofft und überraschend. Manchmal auch unerwünscht. Gute Alternative auch zum Irish Pub. Eine Art Einzelexerzitium.

Was würde mir als richtigem Single fehlen? Oder anders gefragt: Was hätte ich mehr als in der Familie? Keine Unstimmigkeiten über Kindererziehung und Haushaltsorganisation, keinen Stress mit Schwiegermüttern. Nicht mehr das vielleicht manchmal typisch männliche verletzende Gefühl, die Familie zählt womöglich mehr als ich – und ich komme zu wenig vor. Ich möchte nicht mehr sein als die Familie, aber auch nicht einfach nur so zu dem Beziehungsgefüge dazugehören.

Beziehungen vergleiche ich manchmal mit einem Bild. Von Zügen, die mehr oder minder häufig den Bahnhof durchqueren und manchmal auch dort halten, um die Menschen mitzunehmen. Die Züge kommen und fahren oder fahren ohne zu halten durch. Manchmal sitzt du im Zug oder bist sogar Lokführer. Manchmal stehst du am Gleis und wartest. Und manchmal stehst du vor der Bahnhofstür und fragst dich, ob du da überhaupt reinwillst.

Ich könnte gut allein zurechtkommen. Sicherheit brauche ich nicht. Aber Single zu sein ist für mich kein Ideal. Du bist ständig auf der Suche. Und je mehr du suchst, umso weniger findest du. Einer, der in sich ruht, begegnet eher jemandem, weil er etwas ausstrahlt. Es ist eine Illusion, man könne sich ungebunden und frei romantischen Beziehungen hingeben. Es ist der Hunger nach wirklichem Kontakt, der uns ködert, herauslockt und die Fantasie so einsam erscheinen lässt. Das Herz wird nicht satt von der Stadt und dem One-Night-Stand. Wovon dann? Von dem Land und der Silberhochzeit.

Aber das Herz darf nicht allein von einer gelungenen Beziehung satt werden wollen. Setze ich alles auf den Partner, soll er allein mir Sicherheit geben („Vater" beziehungsweise „Mutter"), wird der andere leicht zum Gott. Jage ich nur dem Spiel, der Lebendigkeit nach („Verführer"), wird der andere schnell zur Puppe. Das Herz nährt sich nicht nur von einer, sondern von vier Quellen: mir selbst, meiner Umwelt, meiner Beziehung und Gott. Der Glaube an Gott kann mich vor dem Wahn bewahren, die Frau oder den Mann „anzubeten", sie lediglich zu benutzen oder sie nach meinem Bilde formen zu wollen. Für die Beziehung, die Ehe und die Sexualität ist der Glaube wichtig, damit ich den Partner nicht vergöttere und dadurch überfordere. Der Mensch darf getrost Mensch bleiben. Das tröstet bei allem, was nicht so gut läuft.

Eine Beziehung erfordert mehr Kraft, als allein zu leben. Sie ist Alltag mit veränderten Vorzeichen. „Ich habe geheiratet, um mich nicht mehr zu verabreden", sagt Harry zu Sally in „Harry & Sally". Aber Beziehung ist keine Therapie für misslungenes Alleinsein. Das Gegenteil stimmt. Sind die Partner immer verfügbar, erstarrt die Beziehung leicht zum Mobiliar. Beziehung heißt: neu lernen, sich zu verabreden. Wo es schwierig wird, umso mehr.

Ich suche eine Lebensform, in der sich meine Spur nicht flüchtig verliert. Eine steile Kariere bringt das nicht. Ich will nicht frei schweben, möchte mit jemandem verbunden sein, suche mehr Verbindlichkeit, Erfüllung. Um im Gedächtnis zu bleiben, gehört für mich die Körperlichkeit dazu. Die kann ich nicht nur an mir selber wahrnehmen. Ich spüre sie, wenn ich mit einer Frau zusammen bin und wenn ich Kinder mit ihr habe.

Das Single sein aufzugeben, hat etwas damit zu tun, heimisch zu werden. In der Beziehung kann ich mich austauschen, mich mitteilen, jemandem wirklich begegnen. Single sein birgt die Gefahr, dass wir alle kleine Narzissten werden und uns selbst zum Maß aller Dinge machen. Wenn wir glauben, uns autonom einrichten zu können, das Glück in uns selbst zu finden. Ein Partner oder eine Partnerin dagegen korrigiert die Selbstverblendung. Wie der andere mich erlebt, mir das entgegenhält, macht mich mir selbst durchsichtiger. Was nicht heißt, dass es in der Ehe keine Geheimnisse geben dürfte. Das überfordert. Aber ich brauche meine Fehltritte, meine stille Verzweiflung nicht verbergen. Dinge, die man guten Freunden nicht gern erzählt. Auch, wenn ein Rest an Unsicherheit bleibt. Denn ich weiß nie hundertprozentig, ob der andere dann auch noch zu mir steht.

Gewissheit gibt es nur bei Gott. Bei ihm kann ich meine Deckung restlos verlassen, ohne verlassen zu werden. Ich bin ein abhängiges Wesen. Das zu wissen – und das tut ja der Glaubende, der sich nicht auf sich selbst, sondern auf Gott verlässt – trägt zur Befreiung zum Miteinander bei. „Die Ehe ist und bleibt die wichtigste Entdeckungsreise im Leben eines Menschen" (Sören Kierkegaard). Meine auch.

Konrad Lauenfeld, Theologe, Hochschullehrer, geboren 1965, war lange Single, seit einigen Jahren verheiratet, zwei Kinder, liest gern und trinkt dazu einen guten Whisky, war „zwischendurch" immer mal wieder gern „Single".

Sweet home Alabama
Where the skies are so blue
Sweet home Alabama
Lord, I'm coming home to you

Lynyrd Skynyrd

Süße Heimat Alabama
Wo der Himmel so blau ist
Süße Heimat Alabama
Herr, ich komme nach Hause zu dir

Die Weite vorm offenen Kamin

Uwe von Seltmann

Du sitzt in einer urigen Kneipe, das Kaminfeuer brennt behaglich. Außer dir und deinen Freunden sind keine anderen Gäste da, ihr seid unter euch, Männer, wie der Volksmund sagt, im besten Alter. Ihr trinkt, esst, redet, esst, trinkt, es ist gemütlich. Ihr habt alles, was ihr braucht: frisch gezapftes Pils, der Wirt hat Bob Dylan eingelegt (extra für euch; es ist niemand da, den es stören könnte), Jägerschnitzel mit Pommes, Rauchware, einen bequemen Stuhl. Und ihr habt Zeit und Ruhe. Zum Reden. Ungestört, niemand fällt euch ins Wort, niemand weiß alles besser, ihr dürft das kleine Wörtchen „man" verwenden, ohne dass euch jemand darauf hinweist, dass „man" diskriminierend sei, weil es klinge wie „Mann" und folglich mehr als die Hälfte der Menschheit von vornherein ausschließe. Ihr habt den letzten Bundesliga-Spieltag analysiert, über die Trainingsmethoden von Jürgen Klinsmann diskutiert, euch gewünscht, einmal Franz Beckenbauer zu sein, weil ihr dann heute das Gegenteil von gestern behaupten könntet und morgen wieder etwas anderes sagen dürftet, ohne dass euch jemand zur Rechenschaft ziehen würde oder die Freundschaft aufkündigte. Ihr klagt über eure Chefs, oder wenn ihr selbst Chef seid, über eure Mitarbeiter, tadelt die Bundesregierung, die sich zu willfährigen Gehilfen des Kapitals gemacht und keine Visionen mehr hat, trauert dem letzten Rock'n' Roller der Politik nach, schaut kurz in den Spiegel über der Theke, ob ihr auch schon so zerknittert ausseht, ihr schimpft über CIA, FBI, BND, MDR und RTL und träumt, während Bob Dylan den Highway 61 besingt, von Freiheit, Weite, Unabhängigkeit. Und von den guten, alten Zeiten, als ihr jünger wart, so viel jünger als heute Abend, so jung, dass ihr kaum glauben möchtet, jemals so jung gewesen zu sein. Ihr seid entspannt, es geht euch gut, ihr seid glücklich. Das kommt nicht oft vor. Aber heute Abend ist es so. Ein seltener Moment und ihr genießt ihn.

Als ihr gerade dabei seid, zwanzig, fünfundzwanzig Jahre in die Zukunft zu blicken und euch darüber streitet, in welcher Gegend ihr ein Haus für eure Ruhestands-Männer-Wohngemeinschaft erwerben sollt (Mecklenburger Seenplatte?, Schlesische Beskiden?, Siegerland?), öffnet sich die Tür und zwei Gäste betreten den kleinen Raum. Es sind – Bodo, der mit dem Rücken zur Wand sitzt, hat es zuerst bemerkt – zwei Frauen. Es sind – unabhängig von allen Geschmacksfragen (ob blond, ob braun, ob henna) – zwei schöne Frauen. Sehr schöne Frauen sogar. Sie sind so schön, dass ihr nicht mehr darüber reden wollt, ob in eurem Ruhestands-Domizil nun ein offener Kamin eingerichtet werden soll oder nicht.

Du siehst, wie sich – nach einer nahezu unendlich anmutenden Zeit des Schweigens – Gottfried, der es nie übers Herz gebracht hat, seine Mutter zu verlassen („Jemand muss sich doch um sie kümmern"), aufrichtet und sein noch immer beneidenswert dichtes Haar zurechtlegt. Du hörst, wie Bodo, der seit drei Jahren und zwei Monaten keinen Sex mehr gehabt hat (das hat er dir am vergangenen Freitag erzählt, als ihr an seinem Küchentisch eine Flasche Wodka geleert habt), hüstelt, sich räuspert und sich einen Kaugummi in den Mund schiebt. Du siehst, wie Manni, nachdem er sich seine Brille aufgesetzt hat, den Bauch einzieht und sich durch den Bart streift, ob sich womöglich ein Krümel eingenistet habe. Du hörst, wie Hans, der sich seit seiner Scheidung („Du stellst dir nicht vor, was mich das gekostet hat! Nie wieder, sag ich dir, nie wieder!") geschworen hat, nie wieder eine Frau anzuschauen, raunt: „Kennt ihr die? Sind die von hier?" Und du lehnst dich zurück, setzt eine wichtige Miene auf und sagst mit fester Stimme: „Jungs, gebt euch keine Mühe, ihr habt eh keine Chance."

„Klugscheißer", bekommst du zur Antwort. Es wird dir fast zugeflüstert, am Nebentisch soll ein solch garstiges Wort nicht gehört werden.

„Aber *du* hast Chancen!", zänkt Hans.

„Woher willst du das wissen?", fragt Gottfried, der sich auch im fortgeschrittenen Alter noch eine kindliche Neugier bewahrt hat.

Du lehnst dich noch weiter zurück, nippst an deinem Bierglas, grinst und sagst, als sich endlich alle Blicke auf dich richten: „Flirtforschung. Der erste Kontakt geht immer von den Frauen aus. Das sind Bruchteile von Sekunden, in denen sich alles entscheidet."

Du siehst, wie sich vier Augenpaare in Richtung Frauen-
tisch bewegen, dort verharren und sich dann dir zuwenden.

„Quatsch!"

„Das ist so! Wir Männer denken immer nur, dass wir die
Initiative ergreifen. Aber das ist ein Irrtum. Ein tragischer
Trugschluss."

Vier Köpfe schwenken erneut zum Nebentisch, ver-
bleiben in dieser etwas verkrampften Haltung, so lange,
bis zwei Köpfe kurz aufblicken, und von einem dieser
Köpfe, aus einem wunderschönen Mund mit wohlgeform-
ten Lippen, vier Worte gezischt werden: „Haben Sie ein
Problem?"

„Nö", ist die einzige Entgegnung.

Eine wahrlich jämmerliche Entgegnung. Des männ-
lichen Geschlechts nicht würdig. Zwei Buchstaben, die sein
ganzes Elend offenbaren: Es ist nicht imstande, zur rechten Zeit die rechten Worte zu finden. Allenfalls in seltenen
Sternstunden gelingt es ihm, und dann auch nur wenigen
auserwählten Exemplaren. Man kennt diese wenigen Auserwählten nur vom Hörensagen. Aber es muss sie geben,
denn wenn es sie nicht gäbe, würden sie einem von Frau
nicht zur passenden Gelegenheit – und Frau findet immer eine solche – als Vorbild vor Augen gemalt: „Der XY
hat aber …", „Du solltest dir mal ein Beispiel an Z nehmen …"

Interessanterweise sind es zwei Kategorien von Auserwählten, die dir von Frau als ebenso rares wie leuchtendes
Beispiel vorgehalten werden. Zum einen sind es die Partner
oder Ehemänner von ihren Freundinnen, zum anderen –
man glaubt es kaum, aber es ist so – sind es ihre Ex.
Irgendein Ex (ob Mann, ob Partner, ob Lover, ob One-
Night-Stand), auch wenn er ein kompletter Volltrottel war,
hat immer irgendetwas besser gemacht als du. Der eine hat
beim Sex Maßstäbe gesetzt, der zweite als Handwerker, der

dritte als Häuslebauer, der vierte als exotische Urlaubsliebe, der fünfte, weil er mit ihren Kindern so einfühlsam umgehen konnte, der sechste als Bügler, Wäscher und Staubsauger, der siebte als Großverdiener. Und so weiter. Ja, es stimmt, du hast keine Chance, denn du kannst niemals ihrem Ideal entsprechen. Frau hat große Ideale, unerreichbare Ideale, und weil du weißt, dass du niemals ihren Idealen entsprechen kannst, lässt du die Blicke, die vom Nebentisch soeben verstohlen in deine Richtung zielen, sich unerwidert ins Leere verlieren. Nein, du schaust sie nicht an, du lächelst auch nicht, du starrst gleichgültig auf das Bild an der Wand. Du weißt, dass du ihren Ansprüchen nicht genügen wirst, dass sie dich schon nach wenigen Tagen wieder hinauskomplimentieren oder dir irgendwann die Hölle auf Erden bereiten wird. „Lieber ein triefendes Dach als ein zänkisches Weib", erinnerst du dich an einen weisheitlichen Bibelvers und du stützt deinen linken Ellbogen auf die Tischplatte und führst mit der rechten Hand dein Bierglas zum Mund.

Du siehst, wie nun vier Männer im gestandenen Alter den linken Ellbogen auf den Tisch stützen und mit der rechten Hand ein Bierglas zum Mund führen, so als ob sie eine Weltmeisterschaft im Synchronwettbewerb für Am-Tisch-sitzen-und-ein-Bier-Trinken gewinnen wollten.

„Seht ihr!", sagst du, und keiner widerspricht dir. Ihr schweigt. Ihr habt auch zuvor geschwiegen, doch jetzt ist es kein einvernehmliches Schweigen mehr, kein Schweigen mehr voller Vertrautheit, wie es nur zwischen guten Freunden geschieht. Jetzt ist es ein Schweigen, das viele Fragen offen lässt. Zum Beispiel diese: „Warum bin ich nicht glücklich verheiratet?" Oder jene: „Warum habe ich keine Frau, mit der ich alt werden möchte?" Oder eine dritte: „Was mache ich falsch, dass ich keine Frau finde?" Ihr siniert, grübelt, unterbrecht euer Schweigen zum Bestellen einer neuen Runde, schweigt wieder, stellt mit Erstaunen fest, dass noch immer Bob Dylan läuft, schweigt weiter, versucht Gesprächsfetzen vom Nebentisch aufzuschnappen, schweigt, bis sich wieder eine Einvernehmlichkeit hergestellt hat:

„Tja, irgendwas machen wir wohl falsch."

„Man liebt nur einmal im Leben."

„Nach der ersten Liebe sind alle anderen nur ein Abklatsch."

„Du kommst nie darüber hinweg, dass sie dich verlassen hat."

„Ich hab keine Lust, die Schäden zu reparieren, die meine Vorgänger angerichtet haben."

„Wenn sie Kinder hat, bist du eh nur das fünfte Rad am Wagen."

„Die Tragik ist: Der Mann will immer der erste sein, die Frau immer die letzte."

„Wer sagt das?"

„Arthur Schnitzler."

„Manche können es nicht ertragen, geliebt zu werden."

„Wir haben einfach zu wenig Selbstvertrauen."

„Das eigentlich starke Geschlecht sind doch die Frauen."

„Hast du eine Mutter, hast du immer Butter."

„Mensch, sei helle, bleib Junggeselle."

„Genau."

„Prost."

Ihr schweigt wieder, innig miteinander verbunden und im tiefsten Herzen solidarisch. Der Wirt hat John Lee Hooker eingelegt, I'm in the mood. Hm, hm, hm, hmmmmm, haow, haow, haow, haow …

„Der hat's gut, dem liegen die Frauen zu Füßen."

„Das ist vorbei. Jetzt liegt er ihnen zu Füßen. Wenn sie sein Grab besuchen."

Hm, hm, hm, hmmmmm, haow, haow, haow, haow …

Du siehst, aber nur wenn du deinen Augapfel in eine extreme Position bringst, dass sie dich anschaut. Du machst mit deiner Hand eine Bewegung, als ob du eine Fliege verscheuchen wolltest. Dein Auge beginnt, weh zu tun, sodass du deinen Kopf ein wenig nach links drehst, um den Schmerz zu lindern. Aber ganz langsam, so langsam, dass es niemand bemerkt. Sie ist wirklich eine schöne Frau. Eine Traumfrau. Du überlegst, in welche Schublade du sie einordnen sollst. Schublade eins: die Ich-nehm-mir-wen-ich-will-Frauen. Schublade zwei: die Komm-mir-nicht-zu-nahe-und-rühr-mich-bloß-nicht-an-Frauen. Schublade drei: die Tut-mir-Leid-ich-bin-glücklich-verheiratet-und-habe-zwei-prächtige-Kinder-Frauen.

Schublade zwei kann ausgeschlossen werden – diese Frauen tragen Schlabberpullover, haben Stoppelhaare und einen Damenbart. Außerdem haben sie immer schlechte Laune. Wobei – Plattitüde – Ausnahmen die Regel bestätigen.

Es gibt auch sehr schöne Frauen, die signalisieren: „Komm mir bloß nicht zu nahe!" Das sind die interessantesten Frauen. Die wahrhaft reizvollen, die unergründlichen, die tiefsinnigen, die abgrundtiefen, die dich erst zur Höchstform und dann in den Wahnsinn treiben. Man, Entschuldigung, Mann muss sehr viel investieren, um diese Nuss zu knacken. Meistens gibt Mann vorher auf, weil er nicht wahnsinnig werden will oder weil er die Geduld verloren hat. Später erfährt er dann über sieben Ecken hinweg, dass sie ihn wahnsinnig toll und lieb gefunden hat. Und dann ist er wirklich dem Wahnsinn nahe. Vor allem wenn er hört, dass ihr irgendein Volltrottel kistenweise Rosen und literweise Parfüm geschenkt und ihr an südlichem Sandstrand bei Vollmond einen goldenen Ring mitsamt Heiratsantrag überreicht hat. Und dass sie nicht nein sagen konnte.

Aber sie lächelt, also kann sie nicht in Schublade zwei gehören. Bleiben noch Schublade eins und drei. Du möchtest herausfinden, ob sie einen Ring trägt und folglich in Schublade drei gehört. Verheiratete Frauen sind für dich tabu, ebenso wie Kolleginnen. Mit Schublade-drei-Frauen anzubändeln, gibt nur Stress und Ärger. Also lässt du – im wahren Sinne des Wortes – die Finger von ihnen. Wenn sie in Schublade drei gehörte, würde es alles für dich vereinfachen: Du müsstest dir nicht eingestehen, dass sie dir gefällt, sehr sogar, und dass du mit größtem Vergnügen die Runde deiner Freunde verlassen würdest, um dich zu ihr zu gesellen. Wieder verscheuchst du eine imaginäre Fliege. Ja, sagst du dir, sie ist verheiratet – und glücklich obendrein. Nun lächelt sie so auffällig, dass es auch die anderen bemerken.

„Die lächelt dich an."

„Blödsinn."

„Doch! Schon den ganzen Abend. Aber du Trottel bekommst das wieder nicht mit, weil du Löcher in die Luft guckst. Du hast Chancen bei ihr."

„Ach, ich doch nicht."

„Mann, so viele Komplexe wie du möchte ich haben! Du bist doch total verklemmt. Mach dich ran! Du bist kein kleiner Junge mehr."

„Wenn du heutzutage eine Frau ansprichst, kommst du gleich wegen sexueller Belästigung in den Knast."

„Wo er Recht hat, hat er Recht."

„Er hat doch eben selbst gesagt, dass die Initiative immer von den Frauen ausgeht. Also muss er nur noch zugreifen."

Du winkst ab. Aus Verlegenheit bestellst du noch ein Bier. Und brüllst so laut, dass du selbst erschrickst: „Tu nochmal Highway 61 rein! Aber die 15-Minuten-Version von Johnny Winter!"

Du siehst, wie deine Freunde unter sich schauen und mit dem Kopf schütteln. Du spürst, wie sich dein Gesicht rot färbt. Du bekommst einen Schweißausbruch. Kein Zweifel, du hast dich blamiert. Du wagst es nicht, zum Nebentisch zu gucken.

„Die will doch nur Sex", hörst du dich sagen.

„Eine schöne Nacht würde sie einem sicher machen."

„Die ist eine von denen, die sich nehmen, wen sie wollen … Und dann schmeißt sie dich raus."

„Ich würde auch nicht mit der mitgehen. Die ist mir zu gefährlich."

„Gottfried, du hast Recht."

„Mann, sind wir Weicheier!"

„Schlimmer noch: Schlappschwänze!"

Der Wirt hat die 15-Minuten-Version von Johnny Winter eingelegt. Du wippst mit dem Fuß und klopfst mit den Fingern auf den Tisch. Ihr alle wippt mit dem Fuß und klopft mit den Fingern auf den Tisch. Eine Viertelstunde macht ihr nichts anderes, als mit dem Fuß zu wippen und mit der Hand auf den Tisch zu klopfen. Und in Klopfpausen Luftgitarre zu spielen. Eine Viertelstunde lang redet ihr kein Wort miteinander, eine Viertelstunde lang habt ihr den Blues. Und es geht euch gut.

„Sweet home Alabama!", brüllst du, als Highway 61 zu Ende ist.

„Sweet home Alabama!", grölt ihr im Chor, als der Wirt euren Wunsch erfüllt hat. Freiheit, Weite, Unabhängigkeit, irgendwo in Alabama, irgendwo in Kleinzschocher oder Großpostwitz. Freiheit, Weite, Unabhängigkeit, das ist das, was ihr wollt, ihr wollt Cowboys sein, die kein Zuhause haben, Lonesome Riders, die über verlassene Bahngleise durch eine unendliche Wüste pilgern, Hobos, die auf Züge aufspringen, ohne zu wissen, wohin sie fahren, Steppenwölfe, die es nachts ohne Rast und Ruh aus der Einsamkeit in die Großstadt zieht, kleine Jungs, die durch Wälder und über Felder streifen, Humphrey Bogarts, die sich bei Whisky und Zigarette der Sehnsucht hingeben. Whisky, Bier und Blues, mehr braucht ihr nicht zum Leben. Yeah! Und Freiheit, Weite, Unabhängigkeit! Yeah, Yeah, Yeah! Und eine Mutter, die auf euch wartet, wenn ihr nach Hause kommt, die über euer Haar streicht und euch eine warme Suppe kocht, die eure Wäsche wäscht und euch das Bett bezieht, die Balsam für eure zerschundene Seele bereit hält. Und ihr wollt geliebt werden, nichts als geliebt werden. Ihr wollt „Ich liebe dich" hören. Ihr wollt Nähe, Zärtlichkeit und Geborgenheit, ihr wollt euren Kopf an eine Brust oder in einen Schoß legen, „ich hab dich lieb" spüren. Aber das gesteht ihr euch nicht ein, nein, das gesteht ihr euch nicht ein, ihr wollt euch keine Blöße geben, keine Schwäche zeigen, weil ihr ja stark seid. Starke, mutige Männer, die sich auf ihrem Weg nicht aufhalten lassen, die sich nicht stoppen lassen wollen auf ihrem Weg in einen zu frühen Tod.

„Schöne Musik heute Abend. Hat mir gefallen. Mal was anderes."

„Häh?" Wieder eine jämmerliche Entgegnung. Eine geradezu unglaublich jämmerlich-dämliche Entgegnung, die Steigerung von „Nö". Und ausgerechnet du hast sie ausgesprochen. Du hast dich damit bloßgestellt als besonders einfallsloses Exemplar der Gattung Mann. Wie kann man auf diese so lieblich und bezaubernd geäußerten Worte nur so bescheuert reagieren. Oh Mann, bist du ein Trottel!

„Dann wünschen wir Ihnen noch einen schönen Abend!"

„Ja, äh, wir Ihnen auch …" Ihr redet durcheinander, jeder sagt etwas, jeder lächelt, jeder bringt sich noch ein letztes Mal in Pose. Du siehst keinen Ring an ihrer rechten Hand, dann schnappt die Tür ins Schloss und ihr sinkt in euch zusammen. Ihr legt eure Arme auf den Tisch, der Wirt bringt euch eine letzte Runde. Zum Abschluss legt er Knockin' on heaven's door ein. „Mama, take this badge off of me …“

„Jetzt sind wir wieder unter uns.“

„I feel like I'm knockin' on heaven's door …“

„Wollen wir nun einen offenen Kamin oder nicht?“

Uwe von Seltmann, Buchautor, Journalist, Chefredakteur, geboren 1964, Vater eines achtjährigen Sohnes, geht für Bob-Dylan-Konzerte überall hin, mit seinem Laptop Stammgast in den Café-Häusern Osteuropas, am liebsten im Przy Jakubje in Zgorzelec, reist gern, liebt die Wiener Kaffeehaus-Literaten und die Schriftsteller aus Galizien und der Bukowina, meidet Anzüge und Krawatten, legt sich nicht gern fest, kann sich schwer entscheiden und ist immer auf der Suche.

Jeder von uns hat etwas Unbehauenes, Unerlöstes in sich,
daran unaufhörlich zu arbeiten,
seine heimlichste Lebensaufgabe bleibt.

Christian Morgenstern

Das Bad ist immer frei

Franziska Weber

Ich würde es wieder tun. Ein Einzelzimmer mit Frühstück buchen und allein losfahren. In der fremden Stadt im Ausland traf ich freundliche Menschen, die meine Sprache sprechen. „Wo wollen Sie hin?" Einer half mir, die Fahrkarte für die Öffentlichen zu erstehen und die richtige Metro zur Pension zu finden. Eine andere zeigte mir, wo ich günstig Geld umtausche. Hunger gelitten hab ich auch nicht, irgendwie fiel mir immer rechtzeitig die passende englische Vokabel ein. Auch wenn der Ober statt Torte ein Omelett mit Sahne und Apfelmus brachte. Doch nicht ganz die richtige Vokabel. Der Barkeeper in der kleinen Kneipe, in der sonst nur Jugendliche und Pärchen saßen, sah mich nicht schief an, als ich das „Piwo" bestellte und Schreibheft und Stift auspackte. Er lächelte. Per SMS meldete sich ein guter Freund aus der Heimat – spätestens da wusste ich: Ich bin zwar Single, aber nun wirklich nicht allein.

Und dabei hatte ich mir Urlaub als Single immer als das schlechthin Unmögliche vorgestellt. Mutterseelenallein dem Unwägbaren ausgeliefert. „Hilflos ist eine Frau in der

Fremde ohne Mann", sagt noch heute meine Mutter. Mitnichten. Eine Großstadt ist eine Großstadt. Und ich bin nicht auf den Mund gefallen. Ich habe mich in die Stadt verliebt und ich werde wieder hinfahren. Ob nun Solo oder im Duett.

Zugegeben, so gut wie in diesem Urlaub läuft es nicht immer. Drei Zimmer hab ich ganz für mich allein, zu Hause. Niemand lässt vollgeschnaubte Taschentücher liegen, das Bad ist immer frei. Aber die leeren vier Wände fragen auch nicht, was ich tagsüber getan oder gelassen habe. Keiner ist da, der sich beschwert, weil ich die Tomaten zu langsam schneide und er mit knurrendem Magen viel zu lang auf das Abendessen warten muss. Niemand, der mir das Messer aus der Hand nimmt, wenn ich mit dem falschen Werkzeug die Zwiebel schneide. Meine zwei linken Hände sieht keiner, aber mich auch nicht. Das Fernsehprogramm bestimme ich ganz allein und auf dem Sofa könnte ich die ganze Nachbarschaft unterbringen, so viele leere Plätze habe ich zu vergeben. Nichts zum Auseinandersetzen, aber auch keiner zum Beieinandersitzen. Der Wecker darf morgens ungeniert klingeln, und niemand erregt sich, weil ich immer noch schlafe. Kommen und gehen kann ich, wann ich will. Mitbringen darf ich, wen ich will.

Schön wie ein Studentenleben. Schön unabhängig. Nur manchmal überfällt mich Panik. Wenn ich nicht weiß, wohin mit mir. Wenn wieder ein Sommerabend vergeht und ich nur zu Hause sitze, weil mir niemand einfällt, der mit mir um die Häuser zieht. Freundinnen sind mit Mann, Kindern oder Schichtarbeit ausgebucht oder verschwinden lange vor Mitternacht im Bett. Da kann ich nach zehn noch nicht mal mehr anrufen, um irgendetwas loszuwerden oder einfach nur mit jemandem zu reden. Allein in die Kneipe an der Ecke, tanzen gehen oder ins Kino? Das kostet Überwindung. Auf der Geburtstagsparty sitzen auch wieder nur die gleichen Ehepaare vom letzten Jahr und auf der Familienfreizeit komme ich mir ohne Mann und Kinder ziemlich verloren vor.

Manchmal kriege ich feuchte Augen, weil mich jemand in den Arm nimmt oder fragt, wie es mir geht und das Interesse in der Stimme echt klingt. Oder wenn mich ein Freund lange ansieht und dann fragt, wann ich mich das letzte Mal richtig auf einen Menschen eingelassen habe. Als gut gelernter Single meistere ich auch diese Situation. Noch ehe das Gegenüber etwas bemerkt, fange ich mich wieder, wechsele geschickt das Thema oder gebe wahrheitsgetreu darüber Auskunft, was alles gut läuft. Mit allem anderen habe ich gelernt, allein fertig zu werden. Nur selten lasse ich jemanden wirklich hinter die Fassade sehen. Weil es auch nur selten vorkommt, dass dann einer da ist, der nicht weggeht und zuhört, der aushält, dass ich so kompliziert bin und der hinterher wieder mit mir lacht.

Wenigstens in solchen Momenten weiß ich, dass Single sein mehr ein Betriebsunfall ist als wirklich meine Berufung.

Franziska Weber, lebt von der schreibenden Zunft, geboren 1963, war lange allein erziehend, nicht so lange Single mit kurzen Unterbrechungen, im Sternbild der Fische geboren, denen man nachsagt, sie versuchten, den Gefahren des Alltags instinktiv auszuweichen. Vermutlich auch denen in allzu großer Nähe.